Wie der Vogel wohnt

Vinciane Despret

Wie der Vogel wohnt

Aus dem Französischen
von Nicola Denis

Matthes & Seitz Berlin

*Für Donna Haraway,
Bruno Latour und
Isabelle Stengers*

Inhalt

ERSTER AKKORD

Kontrapunkt   11

Kapitel 1
Territorien   17

Kontrapunkt   45

Kapitel 2
Die Mächte des Anscheins   61

Kontrapunkt   93

Kapitel 3
Überpopulation   97

Kontrapunkt   113

ZWEITER AKKORD

Kontrapunkt   123

Kapitel 4
Aneignungen   133

Kontrapunkt   151

Kapitel 5
Aggression   155

Kontrapunkt   173

Kapitel 6
Polyfone Partituren   185

Kontrapunkt   219

Nachworte
Stéphane Durand: Poetik der Aufmerksamkeit   223
Baptiste Morizot: Das aus dem Nest
gefallene Wissen bergen   227

Dank   233

Anmerkungen   235

ERSTER AKKORD

Kontrapunkt

> *Es gibt mehr Dinge zwischen Himmel und Erde*
> *(dem Platz der Vögel), als unsere Philosophie*
> *mühelos erklären kann.*
> Étienne Souriau[1]

Anfangs ging es um eine Amsel. Zum ersten Mal seit Monaten war mein Schlafzimmerfenster offen geblieben, ein Zeichen des Sieges über den Winter. Ihr Gesang weckte mich im Morgengrauen. Sie sang voller Inbrunst, aus Leibeskräften, mit ihrem ganzen Amseltalent. Eine andere antwortete ihr in einiger Entfernung, wahrscheinlich von einem der umliegenden Schornsteine aus. Ich konnte nicht wieder einschlafen. Diese Amsel sang, wie der Philosoph Étienne Souriau sagen würde, mit der *Begeisterung ihres Körpers*, die sich bei allen vom Spiel und den Verstellungskünsten eingenommenen Tieren beobachten lässt.[2] Doch weder diese Begeisterung hat mich wachgehalten noch das, was ein griesgrämiger Biologe als lärmenden Evolutionserfolg bezeichnen könnte. Vielmehr war es das deutliche Bemühen dieser Amsel, jede Notenabfolge zu variieren. Ab dem zweiten oder dritten Lockruf war ich restlos gebannt von jener Klangerzählung, deren melodische Kapitel ich mit einem stummen »und jetzt?« herbeisehnte. Jede Sequenz unterschied sich von der vorherigen, jede gestaltete sich als neuer Kontrapunkt.

Von diesem Tag an blieb mein Fenster Nacht für Nacht offen. Nach jenem ersten Morgen begrüßte ich jede weitere Schlaflosigkeit mit der gleichen Freude, der gleichen Überraschung und der gleichen Erwartung, sodass ich gar nicht wieder einschlafen wollte. Der Vogel sang. Noch nie war ein Gesang mir der Sprache so verwandt erschienen. Es sind Sätze, die man wiedererkennen kann, Sätze, die sich im Übrigen genau dort in meinem Ohr festsetzen, wo sich auch die Wörter einnisten. Gleichzeitig ist ein Gesang in diesem absoluten Anspruch der Nicht-Wiederholung der Sprache noch nie ferner gewesen. Es ist eine Sprache, aber eine, die sich nach Schönheit sehnt, in der jedes einzelne Wort zählt. Die Stille hielt die Luft an, ich spürte, wie sie flimmerte, um mit dem Gesang zu harmonieren. Ich spürte deutlich, dass das Schicksal der ganzen Welt, vielleicht sogar die Existenz der Schönheit an sich in diesem Augenblick auf den Schultern der Amsel ruhte.

Étienne Souriau schreibt von der Begeisterung des Körpers; manche Ornithologen, sagte mir der Komponist Bernard Fort, sprechen in Bezug auf die Feldlerche von einem Hochgefühl.[3] Für diese Amsel wäre der Begriff »Dringlichkeit« zutreffend: Neben dem Gesang verliert alles andere seine Dringlichkeit. Die Dringlichkeit erwachte im Gesang einer Amsel, sie durchdrang und transportierte ihn, sandte ihn in die

Ferne, zu anderen, zu der Amsel dort drüben, zu meinem sehnsüchtig lauschenden Körper, an die Grenzen ihres Stimmvermögens. Und das Gefühl der absoluten Stille, die in dem städtischen Siedlungsgebiet vor meinem Fenster eigentlich unmöglich ist, zeigte wohl, wie sehr mich diese Dringlichkeit bewegte, so sehr, dass sie jenseits dieses Gesangs alles andere ausblendete. Der Gesang hatte mir die Stille geschenkt. Die Dringlichkeit hatte mich berührt.

Vielleicht berührte mich dieser Gesang auch nur deshalb so nachhaltig, weil ich kurz zuvor Donna Haraways *Manifest für Gefährten*[4] gelesen hatte. In diesem wunderbaren Buch beschreibt die Philosophin die Beziehung zu ihrer Hündin Cayenne. Sie erzählt, wie tiefgreifend sich diese Beziehung auf ihr Verhältnis zu anderen Lebewesen oder, genauer gesagt, zu »signifikanten, andersartigen Lebewesen« ausgewirkt hat, wie sie lernte, die Welt achtsamer zu betrachten, besser auf sie zu hören und neugieriger zu sein; und dass sie hoffe, mit den Geschichten über ihre Hündin die Entdeckung andersartiger, signifikanter Lebewesen zu fördern. Haraway gelingt es, wie ich bei meiner Amsel-Erfahrung merkte, andere Formen der Aufmerksamkeit zu bewirken und attraktiv zu machen.[5] Und es gelingt ihr, Aufmerksamkeit für diese Aufmerksamkeitsformen zu schaffen. Nicht etwa, sensibler zu werden (eine allzu bequeme Floskel, auf die manche allergisch reagieren könnten), sondern zu lernen, wie man sich auf eine bestimmte Aufmerksamkeit einlassen kann: wie man sowohl »etwas seine Aufmerksamkeit widmen« als auch erkennen kann, auf welche Weise andersartige

Lebewesen Aufmerksamkeit bekunden. Es ist eine andere Form, Dringlichkeit zu äußern.

Der Ethnologe Daniel Fabre sagte über seinen Beruf, er interessiere sich für das, was die Menschen am Schlafen hindere. Der Anthropologe Eduardo Viveiros de Castro gibt eine ähnliche Definition von der Anthropologie: Sie sei das Studium variierender Dringlichkeiten. Weiter schreibt er, »[w]enn es etwas gibt, das der Anthropologie von Rechts wegen zukommt, dann ist es nicht die Aufgabe, die Welt des anderen zu erklären, das heißt zu explizieren, sondern die, unsere Welt zu vervielfachen«.[6] Die Verhaltensforscher, die Tiere beobachten und analysieren, wie es vor ihnen die Naturforscher getan haben, verfolgen meiner Meinung nach meist ein vergleichbares Vorhaben: Sie wollen dokumentieren und die *Seinsweisen* vermehren, sprich »die Weisen zu empfinden, zu fühlen, Sinn zu geben und den Dingen eine Dringlichkeit zu verleihen«[7]. Wenn der Verhaltensforscher Marc Bekoff sagt, jedes Tier sei für sich genommen eine Art, die Welt zu erfahren, meint er nichts anderes. Natürlich können die Wissenschaftler nicht auf Erklärungen verzichten, doch das Erklären kann die unterschiedlichsten Formen annehmen: Es kann darin bestehen, komplexe Geschichten, wahre Abenteuererzählungen über das Leben und die hartnäckig von ihm erprobten Möglichkeiten zu ersinnen; es kann die Probleme zu erhellen versuchen, für die dieses oder jenes Tier eine Lösung gefunden hat, oder aber nach einer allgemeingültigen Patenttheorie streben. Kurzum, es gibt Erklärungen, die die Welten vervielfachen und unzählige Seinsweisen berücksichtigen, und es gibt solche, die sie bändigen und auf ein paar Grundprinzipien beschränken.

Die Amsel hatte zu singen begonnen. Etwas Dringliches beschäftigte sie, und in diesem Moment zählte nichts anderes als das, was sie um jeden Preis zu Gehör bringen wollte. Begrüßte sie das Winterende? Brachte sie ihre Daseinsfreude zum Ausdruck, das Gefühl, wieder aufzuleben? Sang sie ein Loblied auf den Kosmos? Wissenschaftler könnten darüber so nicht sprechen. Aber sie könnten bestätigen, dass sämtliche kosmischen Kräfte des aufkeimenden Frühlings der Amsel die Grundbedingungen für ihre Verwandlung bieten.[8] Denn tatsächlich haben wir es hier mit einer Verwandlung zu tun. Diese Amsel, die vermutlich einen recht friedlichen, wenn auch nicht einfachen Winter mit seltenen Momenten halbherziger Empörung über ihre Artgenossen verbracht hatte, die sich um ein unauffälliges, problemloses Leben bemühte, diese Amsel sang nun aus Leibeskräften, möglichst weit oben und sichtbar. Und alles, was die Amsel in den vergangenen Monaten hatte erleben und empfinden mögen, alles, was bis dahin den Dingen und den anderen ihren Sinn verliehen hatte, bekam jetzt eine neue, ebenso unausweichliche wie fordernde Dringlichkeit, die ihre Seinsweise von Grund auf verändern sollte: Die Amsel wurde territorial.

Kapitel 1

Territorien

Unicum arbustum haud alit
Duos erithacos

(Ein Baum beherbergt nicht zwei Rotkehlchen)
Zenodotos von Ephesos (3. Jahrhundert v. Chr.)

Diese Verwandlung beschäftigte, ja, beeindruckte die Wissenschaftler. Wie können Vögel, die im Winter zum Teil ruhig zusammenleben, einträchtig miteinander fliegen, gemeinsam nach Nahrung suchen und sich nur manchmal über offenbar bedeutungslose Kleinigkeiten zanken, plötzlich komplett ihr Verhalten ändern? Sie ziehen sich voneinander zurück, suchen sich einen Ort und singen von ihren exponierten Sitzwarten aus unaufhörlich. Sie scheinen die Anwesenheit ihrer Artgenossen nicht mehr zu ertragen und überlassen sich einem ungezügelten Droh- und Angriffsverhalten, wenn einer von ihnen eine für unsere Augen unsichtbare Linie missachtet, die einer präzisen Grenzziehung zu entsprechen scheint. Ihr merkwürdiges Verhalten wirkt verblüffend, insbesondere ihre Aggressivität, ihre entschlossenen und kampflustigen Reaktionen auf die anderen, vor allem das, was man später als »Luxus« ihrer Gesänge und Posituren bezeichnen sollte – Farben, Tänze, Flugverhalten, Bewegungen: Alles ist spektakulär, alles ist Stoff für eine Theatralisierung. Dazu kommt die nicht minder verblüffende Routine des Nistverhaltens. 1920 beschreibt Henry Eliot Howard die Territorialisierung einer männlichen Rohrammer, die er in der Nähe seines Hauses in der Region Worcestershire beobachtet. Der Vogel nistet in der Sumpflandschaft an einer mit Erlen und Weiden bestandenen Stelle. Theoretisch könnte ihm ein beliebiger Baum zum Überwachen der Umgebung dienen, doch die Rohrammer sucht sich einen ganz bestimmten aus, der zum wichtigsten Punkt des beanspruchten Raums wird, zu ihrem, wie Howard sagt, »Hauptquartier«, dem Sitz, von dem aus sie singend ihre Anwesenheit kundtut, die Bewegungen ihrer Nachbarn verfolgt und nach Nahrung sucht. Mit der Zeit lässt sich eine regelrechte Routine beobachten, die stets von der Reviermitte ausgeht: Der Vogel fliegt von seinem Baum auf, lässt sich in einiger Entfernung auf einem Gebüsch nieder, dann auf einer noch weiter entfernteren Binse, bevor er wieder auf seinen Baum zurückkehrt. Er absolviert alle Strecken mit einer bemerkenswerten Regelmäßigkeit. Diese Wiederholungsbewegungen stecken nach und nach sein Territorium ab.

Natürlich sind auch andere Beschreibungen möglich. Sie ließen nicht lange auf sich warten, denn Howard gab den Anstoß zu einer ganzen Forschungsrichtung, als deren Gründungsvater er angesehen wurde. Sein 1920 erschienenes Buch *Territory in Bird Life* bietet nicht nur präzise Beschreibungen, sondern darüber hinaus eine kohärente Theorie, mit der sich seine Beobachtungen einordnen lassen: Die Vögel sichern sich ein Territorium, in dem sie sich paaren, ihr Nest bauen, ihre

Jungen beschützen und ausreichend Nahrung für ihre Brut finden.

Es sei vorausgeschickt, dass Howard kein Wissenschaftler war, sondern ein begeisterter Naturforscher, der jeden Morgen mehrere Stunden mit der Beobachtung von Vögeln verbrachte, bevor er zur Arbeit aufbrach. Dennoch sollte die Wissenschaft seine Ideen aufgreifen. Nach Howards Verständnis ist das Territorium ein geeignetes Forschungsobjekt: Es erklärt sich aus den »Funktionen«, die es für das Überleben der Art erfüllt. Die Ornithologen sprechen im Übrigen von einer »präterritorialen« Phase, um das Feld der theoretischen Ansätze vor Howard zu markieren. Dabei ist Howard nicht der Erste, der das territoriale Verhalten mit den Erfordernissen der Fortpflanzung verknüpft. Zwei andere Autoren waren ihm darin vorausgegangen: zum einen der deutsche Zoologe Bernard Altum, der bereits 1868 eine ausgefeilte Theorie des Territoriums entwickelt hatte, allerdings in einem Buch, das erst sehr viel später übersetzt werden sollte; zum anderen ein weiterer Vogelliebhaber, der Journalist Charles Moffat, dessen 1903 in einer obskuren irischen Zeitschrift (*Irish Naturalists' Journal*) veröffentlichte Forschungen keine Beachtung in der Wissenschaft finden sollten. Howard hingegen wurde von den englischen und amerikanischen Ornithologen als erster Autor anerkannt, der eine detaillierte und einheitliche Theorie auf ein bisher nur von ungewissen Hypothesen beherrschtes Feld anwandte.[1] Im Folgenden war er für die rasche Verbreitung einer neuen Methode verantwortlich: die Geschichte individueller Vogelleben. Bemerkenswerterweise handelte es sich hier ausdrücklich um das *Leben* von Vögeln, denn bis dato hatten viele Ornithologen und Liebhaber die Vögel zu Studienzwecken vor allem getötet oder ihnen zum Aufbau von Sammlungen oder mit Klassifizierungsabsichten ihre Eier weggenommen.

Was die Forschung als »präterritoriale Phase« der Territorialtheorie bezeichnet, meint also die Tatsache, dass die Beobachtungen bislang eher bruchstückhaft waren und einer soliden theoretischen Grundlage entbehrten. Das eingangs zitierte Sprichwort des Zenodotos sollte so zum Beispiel später in der Annahme, dass Rotkehlchen gerne allein seien, wiederaufgenommen werden. Bereits vor ihm hatte Aristoteles in seiner *Historia animalium* die Beobachtung angestellt, dass Tiere – hier die Adler – den Raum zu ihrer Nahrungsversorgung verteidigten, und außerdem bemerkt, dass an manchen Orten mit spärlicher Nahrung nur ein Paar Raben lebte.

Für andere scheint das Territorium vor allem an die Rivalität der Männchen geknüpft zu sein. Der verteidigte Raum würde dem Männchen entweder die Exklusivität des dort angesiedelten Weibchens sichern oder ihm zumindest einen bevorzugten Platz zum Werben bieten, an dem es singen und balzen kann, um eine mögliche Partnerin anzulocken. So lautet eine von Moffats Hypothesen. In diesem Fall entspräche das Territorium also weniger einem Raum als einem Komplex unterschiedlicher Verhaltensweisen.

Man ahnt bereits, dass der Hypothese des einsamkeitsliebenden Rotkehlchens der Sprung in die Wissenschaft nicht gelingen sollte. Die Annahme hingegen, dass der Vogel sich mit seinem Revier den exklusiven Zugriff auf die lebensnotwendigen Ressourcen sichert, erfreute sich bei vielen Ornithologen lange großer Beliebtheit. Die (besonders von Darwin bevorzugte) These eines Territoriums, das an einen Wettstreit um die Weibchen geknüpft ist, prägte wiederum nachhaltig die präterritoriale Szene. So umstritten sie auch ist, wurde sie nie ganz aufgegeben und tauchte noch häufig in naturwissenschaftlichen Schriften auf – möglicherweise hatten manche ein Faible für das dramatische Potenzial der Rivalität, während sich andere (gelegentlich dieselben) offenbar nicht von der Idee freimachen konnten, dass die Weibchen den Männchen als Ressourcen dienten. Dabei hatte Howard die Hypothese des männlichen Rivalitätsverhaltens heftig angefochten, weil sie einigen seiner Beobachtungen widersprach. Sie habe sich seiner Meinung nach nur so lange halten können, wie man die Konflikte allein den Männchen zuschrieb. Dabei, argumentiert er weiter, kämpften bei manchen Arten durchaus auch Weibchen gegen Weibchen oder Paare gegen Paare, ja bisweilen könne ein Paar sogar ein einzelnes Männchen oder Weibchen angreifen. Und wie sei zu verstehen, dass bei Arten, die ihre Brutplätze anderswo aufsuchen, die Männchen oft vor den Weibchen eintreffen und sofort ein feindliches Verhalten an den Tag legen? Trotz allem bleibt das Revierverhalten eine männliche Angelegenheit: Wenn die Weibchen sich genauso verhalten und sich isolieren würden, käme es nie zu einer Begegnung, schreibt Howard.

Die Vorstellung, dass Vögel sich Lebensorte einrichten und deren Exklusivität schützen, ist also nicht neu, wie Aristoteles, Zenodotos und manche ihrer Nachfolger bezeugten. Der Begriff »Territorium« kommt bei ihnen indes nicht vor. In Bezug auf Vögel sollte er sich erst im 17. Jahrhundert durchsetzen. In dem Überblick, den die amerikanische Ornithologin Margaret Morse Nice 1941 diesem Begriff widmet, siedelt sie ihn erstmals in einem 1678 erschienenen englischsprachigen Buch an, *The Ornithology of Francis Willughby* von John Ray (1627–1705), dessen Autor sich auf die Forschungen seines Freundes Francis Willughby (1635–1672) bezieht. Im Hinblick auf die Nachtigall zitiert Ray einen anderen Autor, Giovanni Pietro Olina, der 1622 in Rom die vogelkundliche Abhandlung *Uccelliera, ovvero, Discorso della natura, e proprietà di diversi uccelli* veröffentlichte. Darin schildert er, auf welch unterschiedliche Arten man Vögel fangen und pflegen kann, um eine Vogelzucht zu betreiben: »Wie Olina schreibt, ist es die Eigentümlichkeit dieses Vogels, einen Ort zu vereinnahmen oder in Beschlag zu nehmen, den er als sein *Eigentum* betrachtet und an dem er außer seiner Partnerin keine andere Nachtigall duldet.« Ray zufolge erwähne Olina außerdem die Tatsache, dass »es für die Nachtigall charakteristisch ist, keinen anderen Gefährten an ihrem Lebensort zu ertragen und denjenigen, der diesen Anspruch missachtet, rücksichtslos anzugreifen«.[2] Nach Meinung der Ornithologen Tim Birkhead und Sophie Van Balen[3] soll Antonio Valli da Todi jedoch schon 1601 ein Buch über den Vogelgesang vorgelegt haben, was in Anbetracht der stark übereinstimmenden Beobachtungen die Vermutung nahelegt, dass Olina von seinem Vorgänger abgeschrieben hatte: Die

Nachtigall »sucht sich einen Besitz aus, in dem keine andere Nachtigall außer dem eigenen Weibchen zugelassen wird, und falls andere Nachtigallen eindringen, singt sie in der Mitte des Ortes«. Valli da Todi vergleicht die Größe dieses Reviers mit dem Radius eines weiten Steinwurfs. Nebenbei bemerkt scheint auch Valli da Todi einen Großteil seiner Informationen aus einem 1575 veröffentlichten Werk von Manzini übernommen zu haben, der allerdings nicht die Frage des Reviers erwähnt.

Natürlich könnte man hier einer zeitlichen Überschneidung auf den Grund gehen: Der Begriff »Territorium« mit der unmissverständlichen Konnotation eines »exklusiven, in Beschlag genommenen Eigentums« taucht in der ornithologischen Literatur erstmals im 17. Jahrhundert auf, also genau zu dem Zeitpunkt, da der moderne Mensch nach Philippe Descola und zahlreichen Rechtshistorikern die Nutzung der Erde ausschließlich als Aneignung verstand.[4] Descola zufolge habe sich diese Auffassung derartig durchgesetzt, dass heutzutage nur noch schwer von ihr abzusehen sei. Grob gesagt geht sie auf Hugo Grotius und das Naturrecht zurück,[5] auch wenn sie eigentlich in der Theologie des 16. Jahrhunderts wurzelt. Die Territorialauffassung definiert das Besitzrecht als individuelles Recht und beruht gleichzeitig auf der Vorstellung eines Vertrags, der die Menschen als Individuen, nicht als soziale Wesen definiert (im römischen Recht war das »Eigentum« nicht das Ergebnis eines individuellen Handelns, sondern einer Teilung, die vom Gesetz, den Gepflogenheiten und Gerichten gebilligt wurde); sie beruht auf neuen Erschließungstechniken der Erde, die deren Eingrenzung und die Garantie ihres Eigentums fordern; und nicht zuletzt auf einer philosophischen Theorie des Subjekts, einem besitzergreifenden Individualismus, der die politische Gesellschaft als Schutzvorrichtung für das Privateigentum versteht. Über die dramatischen Folgen und Auswüchse dieser neuen Besitzauffassung sind wir zur Genüge informiert. Zum Beispiel über die Geschichte der *enclosures*, die Vertreibung bäuerlicher Gemeinden von bisher ihrem Nutzungsrecht unterstehenden Ländereien; oder über das ihnen auferlegte Verbot, sich lebenswichtige Ressourcen aus den Wäldern zu beschaffen. Diese Besitzauffassung bedeutet das Ende dessen, was man heute als *commons* bezeichnet – Bewässerungskanäle, gemeinsame Weiden, Wälder etc.[6] –, Ressourcen also, die aus selbstorganisierten Prozessen stammten und kollektiv genutzt wurden. Wie Karl Polanyi schreibt, »wurde im Jahr 1600 die Hälfte der Ackerflächen im englischen Königreich kollektiv genutzt, 1750 nur noch ein Viertel und 1840 fast keine einzige mehr«.[7] Die über die Jahrhunderte gewachsenen vielfältigen Arten, die Erde zu teilen, sollten bloße Eigentumsrechte bleiben, die zwar manchmal eingeschränkt wurden, immer jedoch als Ausschließlichkeitsrechte für Gebrauch oder Missbrauch galten.

Ich wende mich nun wieder den Vögeln zu, den Nachtigallen und Rotkehlchen, auch wenn ich mir nicht sicher bin, ob uns die epochengeschichtliche Parallele sehr viel weiterbringt. Mit diesem vorschnellen Rückschluss würde ich beispielsweise die Tatsache übergehen, dass der Begriff des Territoriums in Bezug auf

Tiere nicht im luftleeren Raum auftauchte, sondern im Kontext der Beschreibungen, wie Vögel in Volieren zu halten seien –ebenfalls Techniken der Inbesitznahme, des Einsperrens, aber auch solche, die auf eine Deterritorialisierung der Vögel zielen, um sie »bei uns«, in »unseren« Territorien heimisch werden zu lassen. Sollte ich, wenn ich diese Parallele für die Geschichte des Territoriums heranziehen wollte, nicht auch erwähnen, dass die Vogelzucht ursprünglich aus der Absicht entstand, die Ernte vor den Vögeln zu schützen? Dass sie dementsprechend mit der Kunst der Jagd und der Falknerei verknüpft ist, die Gewitztheit und eine genaue Kenntnis von den Gewohnheiten der Vögel voraussetzten? Im 14. Jahrhundert etwa wurden Fasane mithilfe eines Spiegels gejagt, weil man die Beobachtung gemacht hatte, dass »ein Männchen die Anwesenheit eines anderen nicht erträgt« und sofort Streit mit ihm sucht. Man band einen Spiegel an einen Faden, und der Fasan, der in seinem Spiegelbild einen Artgenossen zu erblicken meinte, attackierte den Spiegel; dieser kippte um, wobei ein Käfig auf den Vogel herabfiel. Außerdem sollte ich mich für die Tatsache interessieren, dass sich die Vogelzucht just im 17. Jahrhundert von der Falknerei trennte und zahlreiche Vögel zwar gefangen, aber nicht mehr ausschließlich getötet, sondern für ihre Anwesenheit und ihren Gesang geschätzt wurden.[8] Die beispiellose Begeisterung für Volieren konzentrierte sich besonders auf Singvögel, die zum Großteil Territorialvögel waren. Dementsprechend entstanden zahlreiche Abhandlungen zu deren Sitten und Gewohnheiten, zu Fang- und Haltungsmethoden. Wahrscheinlich bräuchte ich noch viele andere Geschichten, um diese zeitliche Überschneidung zu untermauern, weitere Querbezüge zwischen den verschiedenen Ereignissen, ergänzende Ausführungen zu einer Welt, die ich nur unzureichend kenne, aber deren Erbe ich – in diesem Buch ganz besonders – verwalte. Wenn ich diese Überschneidung also als offene Frage stehen lassen muss, so animiert sie mich doch wenigstens zu einer erhöhten Aufmerksamkeit: Das »Territorium« ist ein keineswegs unschuldiger Begriff, dessen ganzes Gewalt- und Zerstörungspotenzial in manche seiner aktuellen Bedeutungen eingeflossen ist. Ein Begriff, der möglicherweise zu Denkgewohnheiten geführt hat, die ebenso uninspiriert sind wie die verschiedenen Nutzungsarten, die ab dem 17. Jahrhundert mit dem Bewohnen und Teilen der Erde verknüpft waren.

Insofern ist Misstrauen angebracht. Und Neugier. Natürlich sind mir schon extrem zweideutige Formulierungen begegnet: ein Männchen zum Beispiel, das »Anspruch erhebt« auf einen Raum oder sich dessen »Besitz« sichert; Kolibris, die ein »privates Jagdrevier« verteidigen. Auch die Tatsache, dass die Aggressivität im Territorialverhalten so ausgeprägt und scheinbar festgelegt ist, hat manche Beobachter aufmerken lassen, zumal wenn sie es mit dem Raster der Rivalität betrachteten und auf ihrer aversiven Wirkung insistierten. Die Wörter, die manche Ornithologen für Verhaltensbeschreibungen benutzen, haben oft kriegerische oder militärische Konnotationen: Konflikte, Kämpfe, Herausforderungen, Proteste, Angriffe, Verfolgungen, Patrouillen, Revierverteidigung, Hauptquartier (sehr beliebt, um die Mitte des Territoriums zu bezeichnen, wo der Vogel singt) oder Kriegsbemalung (als Bezeichnung für die Farben der Reviervögel). Andere Ornithologen wiederum sollten sich schon früh gegen eine solche Wortwahl wenden – nicht, weil sie die Vögel anthropomorphisiert, sondern weil sie das Rivalitäts- und Aggressionsgebaren bei der Territorialisierung gegenüber anderen Aspekten überbewertet.

Davon abgesehen, das sollte ich im Laufe meiner Forschungen feststellen, vertreten nur wenige Ornithologen die Vorstellung eines »Besitzes«. Die meisten folgen der Definition des amerikanischen Zoologen Gladwyn Kingsley Noble aus dem Jahr 1939 – »das Territorium ist ein beliebiger verteidigter Ort« –, weil sie sachlich ist und gut dazu geeignet, praktisch alle territorialen Situationen zu beschreiben. Je nach Theorie lassen sich dieser Definition bestimmte Funktionen zuordnen: Der Vogel kann einen Ort verteidigen, um sich seine Lebensgrundlage zu sichern, um bei der Fortpflanzung nicht gestört zu werden, um sein »Werbeverhalten« – das Zurschaustellen, Balzen und Singen – auszuleben, um sich die Ausschließlichkeit eines Weibchens oder die Beständigkeit eines jährlichen Treffpunkts zu sichern oder um eine Reihe weiterer, im zweiten Kapitel behandelter Funktionen zu erfüllen. Rasch begriffen die Ornithologen, dass es nicht nur *eine* Art der territorialen Nutzung gab. Die Definition eines »aktiv verteidigten Ortes« wurde im Laufe der späteren Entdeckungen und der zunehmenden Vielfalt der Territorialisierungsarten noch weiter ausdifferenziert. Die Grenzen sollten sich als sehr viel dehnbarer, verhandelbarer und durchlässiger erweisen, als nach den ersten Beobachtungen anzunehmen war, und manche Forscher gelangten zu der überraschenden Schlussfolgerung, dass sie bei vielen Vögeln nicht nur die Funktion hatten, gegen Eindringlinge zu schützen und die exklusive Nutzung eines Ortes zu sichern – doch dazu später mehr.

Das Territorium sollte also andere Bedeutungen annehmen, die weit über die Vorstellung von Eigentum hinausgehen. Manche Ornithologen weisen eigens darauf hin, dass das, was Vögel unter einem Territorium verstehen, nicht die gleiche Bedeutung hat wie das, was Menschen üblicherweise mit diesem Begriff verbinden. Howard zum Beispiel betont, das Territorium sei vor allem ein Prozess oder genauer gesagt Teil eines Prozesses innerhalb des Reproduktionszyklus: »So betrachtet vermeiden wir das Risiko, die ›Sicherung eines Territoriums‹ als unabhängiges Ereignis im Leben eines Vogels zu begreifen, und damit hoffentlich auch das Risiko, einer mehr auf menschliche als auf tierische Prozesse zutreffenden Auffassung stattzugeben.«[9] Ein paar Seiten weiter setzt er hinzu, dass das, was er als Bereitschaft zum Bewahren eines Territoriums beschreibe, der Bereitschaft entspreche, zu einem bestimmten Zeitpunkt an einem bestimmten Ort zu bleiben. Selbst Konrad Lorenz, der Vater der Verhaltensforschung, dessen Buch *Das sogenannte Böse. Zur Naturgeschichte der Aggression* bei Weitem nicht über suspekte Analogien erhaben ist, besteht auf einer Unterscheidung zwischen Territorium und Eigentum: »[Man darf] sich das Revier nicht als einen Grundbesitz vorstellen, der durch feste geographische Grenzen bestimmt und gewissermaßen im Grundbuch eingetragen ist.«[10] Das Territorium sei unter bestimmten Umständen und für manche Tiere weniger an den Raum als an die Zeit geknüpft. So etablierten Katzen zum Beispiel eine sogenannte »Nutzungsdauer«: Das Areal wird also nicht räumlich, sondern zeitlich aufgeteilt. Katzen hinterlassen in regelmäßigen Abständen Duftmarken. Eine Katze kann an einer solchen Duftmarke erkennen, ob sie frisch oder bereits ein paar Stunden alt ist. Je nachdem ändert sie ihre Route oder geht gelassen ihres Weges. Diese Marken wirkten Lorenz zufolge wie »das Blocksignal auf der Eisenbahn, das ja in analoger Weise darauf abzielt, ein Zusammenstoßen zweier Züge zu verhindern«.

Doch Lorenz' Vorsicht in Bezug auf mögliche Missverständnisse (eine nur relative Vorsicht, findet man doch auf derselben Seite die Bezeichnung des Territoriums als »Hauptquartier«) ist lange nicht so verbreitet, wie man angesichts der obigen Ausführungen vermuten könnte. Ich habe bisher die Ornithologen ins Feld geführt, aber sie interessieren sich nicht als Einzige für die Territorien der Tiere. An dieser Stelle wird es kritisch.[11]

So finde ich zum Beispiel in dem historischen Abriss der Ornithologin Margaret Nice ein Zitat von Walter Heape, der in seinem Buch *Emigration, Migration and Nomadism* (1931) Folgendes schreibt:

> Die Bodenrechte sind Rechte (*rights*), die sich bei einer Mehrheit der Tierarten etabliert haben. Es be-

steht kein Zweifel daran, dass das Verlangen nach der Inbesitznahme eines bestimmten Territorialgebiets, die Entschlossenheit, dieses wenn nötig kämpfend zu behaupten, sowie die Anerkennung von Individual- und Stammesrechten *bei allen Tieren* dominieren. Tatsächlich kann man argumentieren, dass die Anerkennung der Bodenrechte, eines der aussagekräftigsten Attribute der Zivilisation, nicht nur eine Sache des Menschen ist, sondern ein Faktor im Leben *aller Tiere*.[12]

Muss ich eigens betonen, dass Heape Embryologe war und nicht Ornithologe? Muss ich berücksichtigen, worauf ich bei meinen Nachforschungen gestoßen bin: dass er berühmt wurde, weil es ihm 1890 gelungen war, einem weiblichen Hauskaninchen, dem sogenannten Belgischen Kaninchen, zwei befruchtete Eizellen eines Angorakaninchens zu transplantieren? Spielt das eine Rolle? Hat der geglückte Transfer zwischen unterschiedlichen Lebewesen Heape in einer Art Selbstermächtigung dazu animiert, sich an andere Transferversuche zu wagen, ohne zu ermessen, dass er es hier mit einem völlig anders gelagerten Risiko zu tun hatte, das dementsprechend andere Vorsichtsmaßnahmen erforderte? Mit dieser Hypothese übertreibe ich natürlich und versuche mich selbst an unvorsichtigen und eher geschmacklosen Übertragungen. Derlei Analogien und Vergleiche sind nämlich nicht nur eine Frage des Stils, eines politischen oder epistemologischen Stils, sondern auch eine Frage des Geschmacks. Isabelle Stengers schlägt vor, dem Kant'schen *sapere aude*

(»Habe Mut, dich deines eigenen Verstandes zu bedienen!«) den ursprünglichen, poetischen Sinn aus einer Epistel des römischen Dichters Horaz zurückzugeben: »Habe Mut, zu schmecken.« Sich seines Verstandes zu bedienen, bedeute ihr zufolge, zu differenzieren; zu erkennen, was wichtig ist, zu lernen, was Unterschiede ausmachen, mit den Risiken und Auswirkungen der Begegnung umzugehen, sich auf die Vielschichtigkeit dessen einzulassen, was für diese Wesen, die es zu erforschen gilt, von Bedeutung ist und dem sie umgekehrt zu Bedeutung verhelfen. Eine Kunst der Auswirkungen.[13]

Aus diesem Grund fühlte ich mich bei der Lektüre von Michel Serres' Buch *Le Mal propre*[14] komplett vor den Kopf geschlagen. Und zwar umso mehr, als seine bisherigen Bemühungen, Fragen und Konzepte zu »deterritorialisieren«, sie aus den ihnen zugewiesenen disziplinären Feldern und Zeitstrukturen zu befreien, den ebenso gewagten wie kreativen Versuch dargestellt hatten, neue Querbezüge, Übertragungen und inspirierende Zusammenhänge zu schaffen. Wenn er zum Beispiel in *Der Naturvertrag* die Frage stellt »Welche Sprache sprechen die Dinge der Welt, damit wir uns mit ihnen – auf Vertragsbasis – verständigen können?«,[15] entsteht in unseren Köpfen sofort ein ganzes Netz aus generativen Analogien, die differenziertere Vergleichsmöglichkeiten erlauben, durch neue Zusammenhänge bisher unentdeckte Eigenschaften zutage fördern und einen fruchtbaren Austausch zwischen Dingen und Lebewesen reaktivieren: Nach Michel Serres spricht die Erde in Kräften, Beziehungen und Interaktionen zu uns. In einem späteren Buch, *Darwin, Bonaparte et le Samaritain, une philosophie de l'histoire*, sollte er diese Idee wiederaufnehmen und explizit mit der Schrift verknüpfen. Das Lesen, schreibt er, beschränke sich nicht, wie wir gemeinhin glauben, auf kodifizierte Schriftzeichen – alle guten Jäger, die aus den Spuren eines Wildschweins Alter, Geschlecht, Gewicht, Größe und unzählige andere Details lesen können, wissen das: »Der gute Jäger liest, nachdem er zu lesen gelernt hat. Was entziffert er? Einen codierten Abdruck. Diese Definition kann aber auch die historische menschliche Schrift beschreiben.«[16] Die Schrift, fährt Serres fort, sei vielmehr das *Merkmal* aller lebendiger und nicht lebendiger Lebewesen, die sämtlich »über die Dinge und untereinander schreiben, über die Dinge der Welt untereinander.« Der Ozean schreibt auf die Felsenklippe, die Bakterien schreiben auf unsere Körper, alles – Fossilien, Erosionen, Schichtstufen, Licht der Galaxien, Kristallisierung des Vulkangesteins – *will* gelesen werden. Man las, bevor man schrieb, und diese Möglichkeit öffnet die Schrift für viele andere Register als »Gesamtheit von Spuren, die einen Sinn codieren«. »Wenn die Geschichte mit dem Schreiben beginnt, dann treten alle Wissenschaften mit der Welt in eine neue Geschichte ohne Vergessenheit ein.« Natürlich knüpft Serres gewagte Querbezüge; Übertragungen, die verbinden, was scheinbar unverbunden bleiben sollte, und sei es nur, weil die menschliche Sonderstellung streng über die Trennung dieser Register wacht. Genau darin aber besteht Michel Serres' Antrieb: Er will mit der tristen Gewohnheit brechen, den Menschen in den Mittelpunkt der Welt und der Erzählungen zu stellen; die Geschichte für die unterschiedlichsten Lebewesen öffnen, die eine Bedeutung haben und ohne die wir nicht existieren würden.

Das eigentliche Übel antwortet auf einen völlig anderen Beweggrund, was sofort aus dem Untertitel ersichtlich wird: *Verschmutzen, um sich anzueignen?*. Bereits auf den ersten Seiten geht es um das Territorium: »Der Tiger pisst an die Grenzen seines Reviers. Ebenso der Löwe und der Hund. Wie diese fleischfressenden Säuger *markieren* viele Tiere, unsere Vettern, ihr Territorium mit ihrem harten, stinkenden Urin; ebenso mit ihrem Bellen oder mit ihren weichen, lieblichen Gesängen wie Buchfinken und Nachtigallen.«[17] Serres zufolge handle es sich dabei um Muster, nach denen Lebewesen einen Ort bewohnen, begründen und wiedererkennen. Die Abfälle der Männchen definieren und verteidigen diese Orte. Damit sind sie tierische wie menschliche Formen der Aneignung: »Wer in die Suppe spuckt, behält sie für sich; kein anderer wird noch den Salat oder den Käse anrühren, den dieser verschmutzt hat. Um etwas für sich zu behalten, weiß der Körper genau, wie er darauf eine persönliche Spur hinterlassen kann: Schweiß auf der Kleidung, Speichel in der Speise oder Füße im Fettnäpfchen, Abfall im Raum, Ausdünstungen, Duft oder Stuhlgang, alles ganz harte Dinge.«[18] Anschließend weist Serres darauf hin, dass das Verb »haben« (*habere*) die gleiche lateinische Wurzel habe wie das Verb »wohnen« (*habitare*): »Über die Jahrhunderte hinweg haben sich unsere Sprachen zum Echo der tiefen Beziehung zwischen der Nische und der Aneignung, zwischen dem Aufenthalt und dem Besitzen gemacht: ich wohne, also habe ich.«[19] Für Serres ist der Akt des Aneignens tierisch, verhaltensbiologisch, körperlich, physiologisch, organisch und vital begründet, er entspringt weder einem Übereinkommen noch einem positiven Recht: »Ich spüre da eine Überdeckung mit Urin, Exkrementen, Blut, verwesenden Leichen.«[20] Wie bereits erwähnt, will Serres hier keinen neuen Zusammenhang etablieren, um den Anthropozentrismus und den sonderbaren Gedächtnisschwund der Geschichte in Bezug auf alles Nicht-Menschliche zu bekämpfen: Es geht ihm vielmehr darum, sich gegen all die Formen der Aneignung zu wenden, die hinter den verschiedenen Verschmutzungen stecken – der Luft, des visuellen und akustischen Raums durch Werbung, Autos oder Maschinen – und die durchweg ebenso abstoßend und verschmutzend seien wie die Exkremente, die eine Aneignung signalisieren: »Das Eigene wird erlangt und bewahrt durch das Schmutzige«, schreibt er, oder, noch expliziter: »Die Spucke verschmutzt die Suppe, das Logo den Gegenstand, die Signatur die Seite: *Eigentum (propriété), Sauberkeit (propreté)*, dieselbe Schlacht, ausgedrückt durch dasselbe Wort, denselben Ursprung und denselben Sinn. Das Eigentum lässt sich markieren, wie auch der Schritt seine Spur hinterlässt.«[21]

Doch nicht dieser Ansatz ist es, der mich Serres gegenüber so unduldsam sein lässt, ganz im Gegenteil. Dass er die zahlreichen, vom Markt gesteuerten Enteignungs- und Aneignungsmaßnahmen bloßstellen will, steht hier nicht zur Debatte, ich folge ihm in diesem Punkt sogar von ganzem Herzen. Die Tatsache aber, dass er Abfälle und Duftmarken als bewusste Markierungen auf einen tierischen Ursprung zurückführt, scheint mir umso problematischer, als er den Prozess der Aneignung mit dem der Enteignung und des Ausschlusses assoziiert.[22] Diese Gleichung greift zu kurz, denn ein solcher Zusammenhang lässt sich nur um den Preis einer zweifachen Vereinfachung und Missachtung herstellen. Zum einen vergisst sie, dass das Territorium für einen Tiger, einen Hund oder eine Nachtigall nicht dasselbe ist; es ist nichts eindeutig Bestimmbares, das mehr oder weniger homogene Verhaltensweisen nach sich ziehen könnte; zum anderen scheint mir der Gedanke des Eigentums als Besitzergreifung das Territorium zu weiträumig zu definieren. Indem Michel Serres das territoriale Verhalten als naturgegeben darstellt und so das von manchen beanspruchte Recht auf Verschmutzung der Luft, des Schallfeldes, der kollektiven Bereiche und des Raums anprangert, verknüpft er völlig unhinterfragt das Territorialverhalten der Tiere mit dem Eigentumsrecht und dementsprechend mit einer Form des Naturrechts. So überträgt er eine moderne, unhinterfragte Besitzauffassung auf die Tiere und stellt diese als bürgerliche Kleinbesitzer dar, die auf ihren Ausschließlichkeitsanspruch pochen.

Mir geht es nicht darum, die angekratzte Würde dieser Tiere zu verteidigen, die für die Verteidigung der beschädigten Erde oder verschmutzter Existenzen instrumentalisiert werden. Wir sollten vielmehr über die Wiederaneignung der Erde nachdenken, darüber, wie wir sie bewohnen, und darüber, wie wir mit unseren Mitbewohnern umgehen. Ein derartig vergröbernder verhaltensbiologischer Ansatz hilft uns dabei allerdings kaum weiter.

Zunächst einmal ist es mehr als fragwürdig, tierische Duftmarken als Verschmutzungen oder Kehrseite von Sauberkeit zu werten. Für *uns* oder zumindest die meisten von uns sind Exkremente etwas Schmutziges, für viele Tiere liegen die Dinge weitaus komplizierter. Wer je gesehen hat, mit welcher Hingabe sich sein Hund in einem Aas oder einer Hinterlassenschaft wälzt, versteht sofort, dass wir uns in unterschiedlichen Geruchssphären bewegen. Auch ist es keine gute Idee, Säugetiere und Vögel gleichzusetzen. Markierungen und Gesang mögen zwar eine identische Funktion haben – Anwesenheit zeigen –, doch Vögel und Säugetiere haben völlig andere Probleme zu lösen, wenn sie auf sich aufmerksam machen. Daher sollte man mit Ähnlichkeiten vorsichtig umgehen. Es ist inkonsequent, verallgemeinernd von »den Tieren« zu sprechen. Zwar können manche Vögel ihre Anwesenheit durch Hinterlassenschaften markieren, generell aber bevorzugen sie den Gesang und das, was sich als intensive Äußerung einer aktuellen Anwesenheit bezeichnen ließe. Bei den meisten Vögeln ist das Territorium ein Ort der Theatralisierung, an dem sie zu sehen und zu hören sind. Man darf sich im Übrigen fragen, ob die Vögel manchmal (zumindest wohl im Falle der Balz-Arenen) wirklich zur Revierverteidigung singen und balzen oder ob das Revier ihnen nicht eher umgekehrt als Bühne für ihren Gesang und ihre Zurschaustellung dient. Manche Ornithologen vertreten diese Hypothese.

Ein völlig anderes Ziel verfolgen hingegen zahlreiche Säugetiere, die perfekt Jean-Christophe Baillys Definition des Territoriums entsprechen: als Ort, an dem man sich verstecken kann, oder vielmehr als Ort, an dem man weiß, wo man sich verstecken kann.[23] In diesem Fall haben Gesang und Spuren nur noch eine oberflächliche Gemeinsamkeit. Die Säugetiere sind zu wahren Meistern im Gebrauch der Metapher *in absentia* geworden – die Spuren *evozieren* etwas, die Tiere zeigen Anwesenheit, ohne tatsächlich anwesend zu sein –, während die Vögel es eher mit der Wörtlichkeit halten: »Ich bin da« – ihr ganzes Trachten zielt darauf, gesehen und gehört zu werden. Ein Autor bezeichnet diesen Prozess als *broadcasting*, was so viel bedeutet wie »verbreiten«, aber auch auf die Verbreitung durch die Medien (Radio oder Fernsehen) anspielt.[24] Der Begriff *broadcasting* lässt sich zwar ebenso gut auf Säugetiere wie auf Vögel anwenden, sollte aber differenziert werden. Bei den Vögeln steht die Verbreitung im Dienst ihres »Werbeverhaltens«, sie sorgt für das entsprechende Aufsehen. Die Säugetiere hingegen verweisen mit ihren Duftmarken nicht nur auf die Tatsache, dass sich Urheber und Botschaft nicht mehr am selben Ort befinden, sondern vor allem darauf, dass der Urheber seine Anwesenheit anhand all dieser Spuren »verbreitet«. Seine Botschaften manifestieren seine zeitversetzte Allgegenwart.

Säugetiere haben ein Problem zu lösen, das für Vögel viel leichter zu überwinden ist: Sie müssen überall anwesend sein. Vögel verfügen über eine weitaus größere Beweglichkeit und können im Gegensatz zu den Säugetieren, die versteckt bleiben wollen, rasch von einem Ende des Territoriums zum anderen fliegen. Das Problem der Bewegung im Raum – überall gleichzeitig sein zu können oder nicht – und das des Gesehenwerdens oder Verstecktbleibens wurde durch ein jeweils anderes Verhältnis zur Zeit gelöst. Mit dem Gesang und dem Zurschaustellen markieren die Vögel ihre aktuelle Anwesenheit, während die Duftmarken der Säugetiere eine vergangene Anwesenheit verlängern. Die Spuren wirken (verglichen mit der aktuellen Anwesenheit) über eine verhältnismäßig lange Zeitspanne: Das Tier ist überall gleichzeitig, obwohl es streng genommen schon lange nicht mehr da ist. In diesem Zusammenhang fungieren seine Hinterlassenschaften als eine Art Täuschungsmanöver, weil sie eine Anwesenheit in der Abwesenheit suggerieren – ein Täuschungsmanöver, auf das niemand hereinfällt, das aber dennoch seine Wirkung erfüllt, weil das mit jeder Botschaft verbundene »Achtung!« oder »Aufgepasst!« die Adressaten erreicht. Somit gehorchen die Spuren dem Prinzip der Stigmergie, nicht ortsgebundenen Interaktionsregeln, die das Verhalten mancher Tiere aus einer räumlichen oder zeitlichen Entfernung in Bezug auf das Verhalten anderer Tiere beeinflussen können – Ameisen etwa hinterlassen entlang ihrer Straßen Pheromone für die Nachfolgenden. Dabei handelt es sich um eine Form der Anwesenheit, die bestimmte Formen der Aufmerksamkeit nach sich zieht. Michel Serres' Ansatz stimmt mich umso trauriger, als er mit dem Argument der allgemeinen Schrift die Tierspuren zunächst als ausnehmend raffinierte Schriftsysteme zur Vermittlung unzähliger

Eigenschaften und Botschaften eingeordnet hatte, dann aber mehr oder weniger bewusst außer Acht ließ, dass nicht nur die Jäger diese Spuren lesen, sondern auch – und vermutlich weit ausführlicher und besser als die Menschen – die Tiere, die der Autor selbst allerdings auf eine einzige Funktion beschränkt: verschmutzen, um sich anzueignen.

Es gibt etwas, auf das ich später noch einmal zurückkommen will (denn auch der Gesang kann ähnlich interpretiert werden): Tatsächlich bewirken die Duftmarken eine Anwesenheit in der Abwesenheit, darüber hinaus aber haben manche Forscher zum Beispiel für die Bergziegen in den Rocky Mountains oder bestimmte Tiere in Gefangenschaft die Hypothese aufgestellt, dass die Duftmarken auch einer Ausdehnung des Tierkörpers im Raum entsprächen.[25] In diesem Zusammenhang bekommt der Begriff der »Aneignung« eine andere Bedeutung, denn es gilt, den Raum nicht zu »seinem«, sondern zum »Selbst« zu machen. Was »eigen« und was »fremd« ist, erscheint umso unklarer, als viele Säugetiere nicht nur Orte und Dinge markieren, sondern auch ihren eigenen Körper, indem sie ihre Absonderungen auf ihm verteilen. Noch erstaunlicher ist, dass viele von ihnen die Gerüche des territorialisierten Ortes – Erde, Gräser, Aas, Baumrinde – absichtlich aufnehmen. Damit erfährt das Tier eine Aneignung *durch* den, aber auch *zu* dem Raum, während es sich ihn mithilfe der Duftmarken gleichzeitig selbst aneignet. So bildet es mit den Orten einen körperlichen Einklang, in dem das »Eigene« und das »Fremde« nicht mehr auseinanderzuhalten sind.

Offenbar verhalten sich die Dinge also um einiges komplizierter als in der von Michel Serres beschriebenen Aneignung, und meine imaginäre Liste mit solchen Unterschieden ist quasi endlos. Ich würde gerne auf der Tatsache insistieren, dass die Frage der Territorien und das, was wir von ihnen lernen können, nichts Allgemeinverbindliches hat. Ohne das ganze Spektrum der in den unterschiedlichen Territorien ausgebildeten Seinsweisen zu berücksichtigen, kann man nicht von einem Territorium auf ein anderes schließen – egal ob es sich um das Revier eines von der Forschung beobachteten Tiers handelt oder um das der Wissenschaft. Manche Ornithologen haben entsprechend rasch begriffen, dass die Territorien schwer mit *einer* allgemeinen Theorie zu fassen sind. Der britische Zoologe Robert Hinde schrieb 1956 in seiner Einleitung einer Sonderausgabe der Zeitschrift *Ibis* in Bezug auf das Territorium, dass sich »die Vielfalt der Natur nie in ein System aus Fächern und Kategorien pressen lässt«.[26] Die Kategorien seien nur dazu da, um unsere Diskussionen zu erleichtern. Und sie seien umso fragwürdiger, als sich bei der gleichen Art und im gleichen Zeitraum ganz unterschiedliche, synchrone oder aufeinanderfolgende Nutzungsarten fänden; bei einer anderen Art wiederum unterscheide sich die Nutzung je nach Alter, Geschlecht, Habitat und Populationsdichte.

Das alles ist kein Zufall. Die Ornithologen waren von Anfang an mit der Vielfalt der Arten konfrontiert und entwickelten rasch einen vergleichenden Ansatz zur Erfassung mannigfaltiger Organisationsformen.[27] Vergleichende Ansätze erfordern ein stark ausgeprägtes Feingefühl, ein besonderes Augenmerk für Unterschiede und Besonderheiten, die Konzentration auf das Wesentliche. Eine Kultur, die viele, zumindest die interessantesten Ornithologen, zu pflegen gelernt haben.

Darüber hinaus ist es ebenso gut möglich, dass das Territorialverhalten eine wichtige Rolle spielt: Wie bereits erwähnt, hat es die Forscher erstaunt und beeindruckt. Häufig zeigen die Vögel eine solche Vitalität und Entschlusskraft, verausgaben so viel Energie, ja scheinen derartig »besessen« von dem, was sie verteidigen, dass vermutlich selbst die Forscher davon berührt sind: Denn hier werden sie mit einer *wahren Dringlichkeit* konfrontiert.

Kontrapunkt

Die Einbildungskraft ist eine Form der Gastfreundschaft, weil sie uns das zu empfangen erlaubt, was im Gefühl der Gegenwart ein Verlangen nach Andersartigkeit stiftet.[1]

Patrick Boucheron
Ce que peut l'histoire

Wenn es Territorien gibt, die bestehen, weil sie besungen werden oder vielmehr *nur* bestehen, weil sie besungen werden; wenn es Territorien gibt, die bestehen, weil sie durch machtvolle Täuschungsmanöver von Abwesenheit markiert werden; wenn es Territorien gibt, die Körper werden, und Körper, die sich in Lebensorten verlängern; wenn es Lebensorte gibt, die Gesang werden, oder Gesang, der sich einen Platz verschafft; wenn es eine Macht der Klänge und eine Macht der Gerüche gibt, dann gibt es zweifellos noch unzählige andere Arten des Bewohnens, die neue Welten schaffen. Welche Verben können wir für diese Machtvielfalt finden? Gibt es getanzte Reviere (ein Einstimmen auf die Macht des Tanzens)? Geliebte Reviere (die nur bestehen, weil sie geliebt werden)? Umkämpfte Reviere (die nur bestehen, weil sie umkämpft werden?), geteilte, eroberte, markierte, erkannte, wiedererkannte, angeeignete, vertraute Reviere? Wie viele Verben und welche Verben vermögen ein Revier zu bilden? Und welche Methoden können diese Verben erblühen lassen? Wie Donna Haraway und viele andere bin ich überzeugt, dass eine Vervielfältigung der Welten unsere Welt bewohnbarer machen kann. Bewohnbarere Welten zu schaffen würde also den Versuch bedeuten, die verschiedenen Arten des Bewohnens zu respektieren und die unterschiedlichen Seins- und Vorgehensweisen zu erfassen, zu denen die Territorien einladen. So lautet mein Wunsch an die Forschung.

Ich schreibe »bewohnen«, sollte aber vielleicht besser »zusammenwohnen« schreiben, denn es gibt kein Bewohnen, das nicht in erster Linie ein Zusammenwohnen wäre. Und ich schreibe »erfassen«, weil darin mein bescheidenes Vorhaben besteht: Gewohnheiten auflisten, nicht etwa Routinen, sondern Erfindungen des Lebens, Methoden, die das Handeln und Wissen mit Orten und anderen Lebewesen verknüpfen. Dieses Thema untersuchen, Offenkundiges hinterfragen, neugierig beschreiben, was mit dem Bewohnen an Querbezügen und Formen des Zuhauseseins verbunden ist. Kurzum, mit dem Respekt für die diversen Erfindungen unsere Vorstellungskraft erweitern.

Natürlich verlange ich von den Tieren nicht, dass sie uns etwas beibringen, ebenso wenig will ich mir von ihnen Lösungen für unsere eigenen Probleme abschauen. Ich habe begriffen (und begreife es mit Michel Serres erneut), dass die Tiere, wenn man sie mit solchen Wünschen konfrontiert, bereits durch die

Problemstellung ausgeschlossen werden, weil man lediglich auf vorgefertigte Antworten wartet. Erinnern wir uns an die Formulierung »alle Tiere« des Embryologen Walter Heape, die ebenso alarmierend ist wie sein Rückschluss von den Tieren auf die Zivilisation. Es ist vermutlich kein Zufall, dass wir bei einer vorschnellen Übertragung tierischer auf menschliche Territorien letztlich den Tieren unsere Auffassung des Territoriums als Besitz aufzwingen. Wir müssen die Welten vervielfältigen, anstatt sie auf unsere zu reduzieren. Und wir dürfen die Methoden, die zu dieser Vervielfältigung beitragen, nicht verunglimpfen. Denn sie sind entscheidend, allein schon, weil sie uns diese Übertragungen langsamer und eingehender betrachten lassen.

Demnach kann ich nicht umhin, mich erneut zu ärgern, wenn ich über die Allzweckmethode stolpere, die der Soziologe Zygmunt Bauman in seinem Buch *Does Ethics Have a Chance in a World of Consumers?*[2] praktiziert. Auf den ersten Seiten geht es um eine wichtige Entdeckung bei sozialen Insekten, um das, was in der Welt der Wespen als »Zugehörigkeit« gilt. Einem Artikel im *Guardian* zufolge, schreibt Bauman, hätten Forscher der Zoological Society of London, die in Panama Wespen erforschten, eine für alle, die das Verhalten sozialer Wespen kennen, verblüffende Entdeckung gemacht: eine Neuigkeit, die mit den jahrhundertealten Klischees über die sozialen Gewohnheiten dieser Insekten aufräume. Die Zoologen waren immer davon ausgegangen, dass sich die Geselligkeit der Insekten auf ihr Nest beschränkte, sprich auf ihre Geburts- und damit ihre Zugehörigkeitsgemeinschaft.

Diese Vorstellung galt als so selbstverständlich, dass die Wissenschaftler lange zu verstehen versuchten, wie die Insekten Eindringlinge erkennen konnten, um sie zu vertreiben oder zu töten – mit ihrem Gehör, am Geruch, am Verhalten? »Die große Frage«, schreibt Bauman, »bestand darin, wie diese Insekten zu etwas in der Lage waren, was uns Menschen trotz aller Waffen und ausgefeilter Werkzeuge nur unzureichend gelingt: das Schützen der Grenzen ihrer Gemeinschaften und die Trennung zwischen ›Einheimischen‹ und ›Fremden‹, zwischen »uns« und »ihnen«.«[3] Dabei entdeckten die Forscher, dass die meisten Arbeiterinnen (56 %) im Laufe ihres Lebens das Nest wechseln und sich anschließend in ihre Wahlgemeinschaft einfügen und an der Gemeinschaftsarbeit teilhaben. Diese Entdeckung verdankt sich einer neuen technologischen Ausrüstung, bei der manche Wespen mit einem kleinen, am Oberkörper befestigten Funksystem ausgestattet werden, das immer, wenn eine Wespe damit vorbeifliegt, ein an den Nesteingängen befindliches elektronisches Auge aktiviert.

Bauman erwähnt zwar die Rolle der neuen Technik für diesen Perspektivwechsel, tut sie jedoch als unwichtig ab: Das Wichtigste sei vielmehr die Tatsache, dass man dieser Frage vorher keine Beachtung geschenkt habe und es nun deshalb tue, weil »eine neue Generation von Wissenschaftlern ihre eigenen (also auch unsere) Erfahrungen multikultureller Lebensformen in den panamaischen Wald importiert hat«. So, fährt Bauman fort, »haben sie begreiflicherweise ›entdeckt‹, dass die fluktuierende Zugehörigkeit und die ständige

Durchmischung der Population auch bei den sozialen Insekten die *Norm* sind«.[4] Kurzum, »Vorstellungen, von denen man unlängst noch dachte, dass sie den ›Naturzustand‹ spiegelten, entpuppen sich nachträglich als bloße Projektionen der menschlichen, allzu menschlichen Sorgen der Wissenschaftler auf die Gewohnheiten der Insekten«.[5] Was Bauman zufolge ebenfalls besagt, dass die Entdeckung der Wissenschaftler vor allem auf einen Wandel jener Vorstellungen und der »tradierten Wahrnehmungsnetze« zurückzuführen sei.

Natürlich muss man ihm recht geben, dass eine sich wandelnde Welt auch neue Fragen aufwirft. Was also macht mich so ärgerlich? Es ist eindeutig die Art und Weise, wie er diese Veränderungen einordnet.

Zunächst möchte ich auf ein Detail hinweisen, das mir wichtig scheint. Wie schon erwähnt, bezieht Bauman sich auf einen Artikel des *Guardian*, der am 25. Januar 2007 über die Entdeckung berichtete.[6] Der Artikel zitiert zwar die Namen der Forscher nicht, aber ich hatte trotzdem keine Mühe, ihre zwei Tage zuvor erschienene wissenschaftliche Veröffentlichung[7] zu finden. Offenbar hat Bauman sie nicht eingesehen, sondern sich lediglich auf die spärlichen Zeitungszeilen gestützt. In ihrem Beitrag jedoch erwähnen die Forscher ein erstes Experiment mit den betreffenden Wespen aus dem Jahr 2004, dessen Zahlen darauf hindeuteten, dass nur 10 % der beobachteten Wespen das Nest wechselten. Das der Veröffentlichung zugrunde liegende Experiment, bei dem sich der prozentuale Anteil auf 56 % erhöhte, hatte erst 2005 stattgefunden. In Baumans Augen mussten die Forscher zwischen 2004 und

2005 also ihren kognitiven Rahmen verändert haben. Sie hingegen erklären, dass sie 2004 die traditionelle Technik verwendet hätten: Sie hatten jeweils ein paar Wespen pro Nest mit Farbe markiert und deren Habitatswechsel verfolgt, indem sie zu verschiedenen Zeiten nachgesehen hatten, wer sich jeweils wo befand. Die 10 % entsprachen insgesamt 100 Beobachtungsstunden. Da so viele das Nest wechselnde Wespen der Beobachtung entgingen, rechneten die Forscher die Anzahl der Nestwechsler auf 25 % hoch. Mit der neuen Technik im Jahr 2005 entsprach die Überwachung der 422 mit dem Funksystem ausgestatteten Wespen ganzen 6000 Beobachtungsstunden. Daher betonen die Forscher ausdrücklich, dass die herkömmliche Methode nur dann ähnlich hohe Ergebnisse wie bei der elektronischen Überwachungstechnik erzielen könne, wenn die Nester durchgängig beobachtet würden. Diesen methodischen Unterschied erachtet Bauman jedoch als irrelevant: Die Beobachtungen, die ihn interessieren, betreffen die veränderten kognitiven Gewohnheiten, die sich »aus unserer neuen Erfahrung eines immer heterogeneren Rahmens des menschlichen Zusammenlebens«[8] ergeben. Sie erklärten, dass wir erst jetzt auf eine uns bisher fremde Vorstellung verfallen, der zufolge sich die Wespen als weitaus gastlicher erwiesen als gedacht.[9] Dass Bauman sich nicht die Mühe gemacht hat, den wissenschaftlichen Beitrag zu lesen, zeugt unbestritten von mangelnder Neugier. Und von einer erheblichen Kühnheit, basiert doch fast die gesamte Einleitung seines Buchs auf den mageren Informationen des *Guardian* – daran stört mich nicht die Kühnheit als solche, sondern dieses gewisse *Ethos*, mit dem sich manche Akademiker überall »zu Hause« fühlen. Das hätte keine Konsequenzen, wenn daraus nicht eine bestimmte Form der Aufmerksamkeit oder vielmehr der Unaufmerksamkeit und Nachlässigkeit entstünde.

Bauman interessiert sich nicht für die Ausrüstung: weder für die Ferngläser, die Funkausstattungen, die Chips, Statistiken und Sonagramme noch für die Aufzeichnungen, Farbmarkierungen oder elektronisch ausgerüsteten Nester – für all diese Instrumente, die sichtbar machen und verbinden, die durch Erkenntnis Vertrautheit schaffen, die Ähnlichkeiten und Unterschiede, Wegstrecken und Gewohnheiten herausarbeiten. Das alles ist in seinen Augen Beiwerk, was wirklich zählt, sind die Ideen der Wissenschaftler. Somit fallen die 6000 Beobachtungsstunden per Funkverfolgung gegenüber den 100 Beobachtungsstunden per Farbmarkierung nicht ins Gewicht, bleibt die damit einhergehende prozentuale Erhöhung der mobilen Wespen von 10 auf 56 % ein bloßes Ideenkorrektiv. Bauman negiert die Tatsache, dass eine andere Form des Wissens zunächst ein Mehr an Wissen voraussetzt: im Falle der Wespen mehr »Zeugen« aufgrund einer verbesserten Ausrüstung, mehr Anwesenheit, mehr Nähe, eine größere Vertrautheit und einen verlässlicheren Kontrollmechanismus. Die Wespen leben, das wissen wir mittlerweile, in der Welt der Ideen.

Natürlich sind die Ideen wichtig, denn sie münden in bestimmte Fragen, und was die Forscher beobachten, hilft ihnen beim *Einordnen* ihrer Interessen, ob bei Wespen, Pavianen oder Vögeln. Die meisten Forscher sind sich dessen bewusst und wissen, dass ihre Entdeckungen ihre Fragen reflektieren. Meine Besorgnis geht weit über das einfache Bemühen hinaus, eine anthropomorphisierende Interpretation zu vermeiden. Wenn ich behaupte, dass ein kriegerisches oder kompetitives Vokabular auch eine bestimmte Form der Aufmerksamkeit nach sich zieht, dann weil die Forscher mich darauf hingewiesen haben. Während manche die Theorie vertreten, dass das Territorium die Aufgabe habe, die Populationsdichte zu regulieren (dazu Weiteres in Kapitel 3), weil nur die Revierbesitzer sich auch fortpflanzen, fürchten andere, diese Theorie könne womöglich unsere menschlichen Sorgen hinsichtlich der Überbevölkerung widerspiegeln. Während manche das Revierverhalten von Fischen als äußerst aggressiv und gewalttätig beschreiben, weisen andere ausdrücklich darauf hin, dass dieses Verhalten in einem extrem beengten Raum wie dem Aquarium beobachtet worden sei.

Bauman lässt außer Acht, dass die zeitintensiveren Forschungsmethoden einen anderen Umgang mit den Tieren nach sich ziehen, eine neue Vertrautheit mit ihnen schaffen. Und die Forscher wissen, wie wichtig es ist, Vertrautheit herzustellen. Margaret Nice zählt zu den erfindungsreichsten und interessantesten Ornithologen auf dem Gebiet der Revierforschung. Ursprünglich studierte sie die Vögel als Liebhaberin, indem sie rund um ihr Haus in Ohio Singammern beobachtete. Schnell begriff sie, dass sie die Vögel nur dann richtig erforschen und verstehen würde, wenn sie sie einzeln wiedererkennen konnte. Ende der 1920er Jahre versah sie die Vögel daher mit einer Kombination aus vier farbigen Ringen und einem Aluminiumring. Die Beringung war kein neues Verfahren. Bereits im späten 18. Jahrhundert hatte der Mönch Lazzaro Spallanzani den Einfall gehabt, Vögeln farbige Fäden an die Füße zu binden, um die Hypothese zu überprüfen, dass diejenigen, die nach dem Sommer verschwunden waren, migrierten.[10] Dieses Verfahren war also nicht unbekannt, wurde aber nur äußerst selten angewandt und diente bis zur Epoche von Margaret Nice lediglich dazu, die Migrationsrouten zu verfolgen (oder die Hausvögel zu erkennen, um ihre Bewegungen zu unterbinden). Nice geht es um etwas anderes. Sie will nicht Flugrouten nachverfolgen, sondern den Vögeln eine eigene Biografie einräumen, um besser verstehen zu können, was ihnen bei der Reviergründung wichtig ist. 1932 waren 136 männliche und weibliche Ammern beringt – sie kannte die Männchen allerdings so gut, dass sie bereits beim Zuhören wusste, mit wem sie es zu tun hatte, da jedes sieben bis neun verschiedene individuelle Gesänge im Repertoire hatte. So entdeckte sie, dass die Männchen Jahr für Jahr dasselbe Revier aufsuchen, dass manche migrieren – die sogenannten Sommerbewohner –, während sich andere entschließen, das ganze Jahr zu bleiben – die Winterbewohner. Das Männchen 2M lebte neun Jahre und behielt neun Jahre lang denselben Wohnort. Zwischen 1930 und 1934 entfernte es sich gerade einmal fünfzig Meter, kehrte aber im Folgejahr wieder an seinen Herkunftsort zurück. Die Weibchen hingegen zeigten sich weniger beständig und wechselten manchmal sogar im Laufe der Saison das Männchen für eine zweite Brut.

Außerdem beobachtete Margaret Nice, dass die Kämpfe zu sogenannten »Rollenspielen« führen. Wenn ein Vogel in ein besetztes Revier einzudringen versucht, schlüpft er mit seinem Verhalten klar in die Rolle des Eindringlings: Je näher er dem Mittelpunkt des Territoriums kommt, desto unentschlossener wirkt er und desto aggressiver zeigt sich der Bewohner. Mit Bezug auf die Hierarchietheorien heißt dies also, dass der Bewohner eine dominante und der Eindringling eine untergeordnete Rolle annimmt, was dem unterschiedlich stark ausgeprägten Aggressionsverhalten entspricht. So erklärt sich, dass das Revier bei den Singammern selten den Besitzer wechselt. Doch das, was zunächst eine Regel zu sein scheint, ist in Wirklichkeit um einiges komplizierter. Wenn zum Beispiel ein Zugvogel in sein im Vorjahr besetztes Revier zurückkehrt, dieses aber inzwischen neu in Beschlag genommen wurde, wird dem neuen Bewohner die Rolle des Eindringlings zugewiesen: Von wenigen Ausnahmen abgesehen wird er vertrieben. Aufgrund der fehlenden Beringung, so Margaret Nice, seien diese unterschiedlichen Rollen in den bisher beschriebenen Kämpfen nicht erwähnt worden.

Dank der Beringung lassen sich Lebensgeschichten entdecken, Ortsbindungen, Vögel, die eigene Entscheidungen treffen: 4M etwa, der 1929 beringt wurde, nach Margaret Nices Vermutung jedoch bereits im Vorjahr dasselbe Revier besetzt hatte, blieb diesem Ort treu, bewegte sich aber jedes Jahr ein paar Meter fort. Im Winter 1931-1932 wohnte er dreißig Meter weiter westlich, ohne dass ihn ein anderer Vogel dazu gezwungen hätte. In den ersten Jahren zeigte 4M sich kämpferisch und tyrannisierte die Nachbarschaft. Unaufhörlich zwang er seinen Nachbarn 1M, seine Grenzen zu verteidigen. Ab 1932 verschwendete er deutlich weniger Energie mit Streitigkeiten und erlaubte 110M, einem jugendlichen Sommerbewohner, ohne zu protestieren, sich in dem ehemaligen Territorium von 1M niederzulassen. Im Laufe des darauffolgenden Winters zog er noch ein Stück weiter nach Westen, in das ehemalige Revier von 9M. Dort nistete er drei Jahre lang, bevor er 1935 wieder in den Garten der Forscherin zurückkehrte. Anhand der Identifizierung der einzelnen Vögel entdeckte Margaret Nice, dass möglicherweise auch persönliche Beziehungen eine Rolle spielten. Das könnte erklären, weshalb manche Winterbewohner gelegentlich auf einem gerade bezogenen Territorium geduldet werden oder sich dort, wo Konflikte zu erwarten wären, überraschend eine Einigung ergibt: zum Beispiel, wenn ein Sommerbewohner bei seiner Rückkehr einen Artgenossen vorfindet, sich aber offensichtlich lieber woanders niederlässt, als den Eindringling zu vertreiben. Hin und wieder lässt sich, scheinbar ohne jeden Druck von Seiten der Artgenossen, ein Revierwechsel beobachten. Vögel lieben Gewohnheiten, manchmal aber auch deren Änderung. Zur gleichen Zeit studierte Barbara Blanchard das Verhalten der Dachsammer in Kalifornien. Eine aus drei Vögeln bestehende Familie unterteilt das Revier in zwei Abschnitte, die jeweils von einer Dachsammer bewohnt werden: Sie streiten ständig, singen unaufhörlich und legen sich miteinander an. Barbara Blanchard entdeckt, dass es sich wider Erwarten um

Weibchen handelt, und sie schreibt: »Wenn ich sie nicht beringt hätte, wäre ich von einem Grenzstreit zwischen zwei Männchen ausgegangen.«[11] Margaret Nice wiederum bemerkt, dass bei den Singammern die Weibchen die Grenzen von ihrem Partner übernehmen und im Allgemeinen akzeptieren. Im Jahr 1929 aber baut eines von ihnen, K2, sein Nest bei dem (bereits erwähnten) Nachbarn 4M, womit es, so Nice, ihrem Partner 1M erhebliche Schwierigkeiten bereitet, bis es ihm schließlich gelingt, diesen Teil des Territoriums einzugliedern.

Sicher kann man an dieser Stelle versucht sein, das gesteigerte Interesse der beiden Forscherinnen an den Weibchen mit der Tatsache zu erklären, dass sie Frauen sind. Bei Barbara Blanchard liegt diese Versuchung umso näher, als sie in einem männlich dominierten Beruf ihr Leben lang unter ihrer Stellung als Frau gelitten hat: Als sie eine Dissertation über Vögel in Angriff nehmen wollte, riet ihr Doktorvater ihr zu einer Arbeit über Würmer, die leichter zu verstehen seien. Sie gab jedoch nicht nach und untersuchte die Verhaltensunterschiede und Dialekte der Dachsammer, bis sie entdeckte, dass diese Unterschiede in Zusammenhang damit standen, ob sie Zugvögel waren oder nicht. Sobald sie sich auf einen akademischen Posten bewarb, wurde bei gleicher Qualifikation einem männlichen Bewerber der Vorzug gegeben. Das Empfehlungsschreiben ihres Doktorvaters, das sie bei ihren Forschungsarbeiten in der Tasche hatte, lobte lediglich ihr heiteres Temperament. Die Anekdoten sind zahlreich, und Barbara Blanchard erzählt sie mit Humor, um zu zeigen, wie absurd diese Zeit gewesen ist.[12] Margaret Nice hat einen anderen Weg genommen. Sie verzichtete auf eine eigene Dissertation, um ihrem Mann zu folgen und für die Familie zu sorgen, betätigte sich dafür aber jahrelang und mit bemerkenswerter Ausdauer als Vogelbeobachterin im eigenen Garten und der näheren Umgebung, bevor sie dem Biologen Ernst Mayr begegnete, der sie dazu ermutigte, ihre Forschungen zu veröffentlichen. Dennoch lassen sich die Werdegänge der beiden Wissenschaftlerinnen in einer nicht gerade motivierenden Epoche – die eine scheitert an der männlichen Selbstherrlichkeit der Akademiker, die andere nutzt jahrelang die winzigen Zeitfenster, die ihr als Ehefrau und mehrfache Mutter bleiben – nicht auf diesen historischen Kontext beschränken: Vielmehr brechen beide mit den vorherrschenden Gewohnheiten auf dem Feld der Ornithologie, der Klassifizierung von Arten, und interessieren sich für Verhaltensabweichungen innerhalb der gleichen Art, manchmal sogar der gleichen Gruppe. Beiden Wissenschaftlerinnen war es ein Anliegen, einzelne, lebendige Vögel zu beobachten, weil die Unterschiede in diesem Bereich ebenso bemerkenswert wie bedeutungsvoll sind. Die in der territorialen Dramaturgie scheinbar oft im Hintergrund verbleibenden Weibchen rücken nicht deshalb plötzlich in den Mittelpunkt des Interesses, weil sie von Frauen beobachtet werden, die ihre eigene Rolle hinterfragen – auch wenn Zygmunt Bauman das zu denken scheint, zeigt Barbara Blanchards Überraschung über das weibliche Eingreifen genau das Gegenteil –, sondern weil sie erst durch die Ringe wirklich *bemerkenswert* geworden sind: Diese Ringe sind Aufmerksamkeitsmarker, die etwas wahrnehmbar machen, was bisher unbemerkt geblieben ist.

Dank der farbigen Metallringe werden andere Dinge wichtig und Unterschiede ersichtlich – das verändert die Art der Vogelbeschreibung. Die Vögel bekommen nicht nur ein individuelles Leben, sie werden auch flexibler und komplexer, denn selbst unter Artgenossen lassen sich Abweichungen, Launen und Überraschungen im Verhalten beobachten. Diese Methode ruft eine bestimmte Form der Aufmerksamkeit hervor, mit der sich Unterschiede entdecken lassen, vor allem aber wird nach dem gefragt, was für die Vögel dringlich ist, eine Frage, die sie zweifellos interessanter macht und auf die sie selbst mit verschiedenen Seinsweisen antworten – Sommer- oder Winterbewohner, Männchen, Weibchen, Eindringling, Bewohner, Bewohner in der Rolle des Eindringlings, Eindringling in der Rolle des Bewohners, tyrannisches, in vorgerücktem Alter versöhnlicheres Männchen, zerstreutes oder kämpferisches Weibchen.

Vielleicht versteht man nun besser, was ich Zygmunt Bauman vorwerfe: eine mangelnde Neugier, die bezeichnend ist für alle, die sich überall »zu Hause« fühlen. Für ihn sind die Wespen letztlich nichts anderes als Statthalter unserer eigenen gesellschaftlichen Veränderungen. Und das kann nur funktionieren, wenn man bewusst oder unbewusst ausblendet, auf welche Weise man sie kennt, welche neuen Angebote des Kennenlernens man ihnen macht, wie die Wespen auf diese Angebote der Wissenschaftler reagieren und sie damit gelegentlich auf neue Ideen bringen. Die Natur wird letztlich nur in Aufruhr versetzt, um sofort wieder mundtot gemacht zu werden und verkünden zu können, dass alles, was wir finden, nur aus unseren »Wahrnehmungsnetzen« hervorgeht. Kein Wunder also, wie hartnäckig sich die abwegige Idee von einer stummen Natur hält, wenn diese, kaum befragt, sofort wieder zum Verstummen gebracht wird.

Bei Zygmunt Bauman wie bei Michel Serres geht alles zu schnell. Beide vergessen, dass das Erkennen von Ähnlichkeiten immer auf einem aktiven Ausblenden der Unterschiede beruht. Eine Situation mithilfe einer anderen zu beleuchten ist eine ästhetische, schöpferische Maßnahme. Dafür braucht es Geschmack, Neugier, Taktgefühl und auch ein bisschen Schwindelei. Es gilt nicht, auf Vergleiche oder Analogien zu verzichten und Überschneidungen oder konvergierende Interessen zu vermeiden, man sollte es nur aufmerksam tun, die erstellten Querverbindungen sorgfältig prüfen, wissen, dass immer auch ein bisschen geschwindelt wird. Kurzum, man sollte darauf achten, dass das, was eine Situation neu beleuchtet, nicht alles mit dem grellen Licht der Erklärung überblendet. Wir brauchen kleine Lämpchen.

Kapitel 2

Die Mächte des Anscheins

In der ersten Hälfte des 20. Jahrhunderts sollte die Revierforschung einen erstaunlichen Aufschwung nehmen. In ihrem historischen Überblick über die englischsprachigen Länder verzeichnet Margaret Nice 11 Veröffentlichungen für das erste Jahrzehnt, 15 für das zweite, 48 Publikationen zwischen 1920 und 1930 und insgesamt 302 in den 1940er Jahren. Im Zuge dieser Veröffentlichungen wurden die unterschiedlichsten Theorien entwickelt. Als Robert Hinde Anfang der 1950er Jahre Bilanz zog, wurden dem Territorium nicht weniger als zehn unterschiedliche Funktionen zugeschrieben.

Ich möchte diese Geschichte nicht chronologisch erzählen, lieber nachzeichnen wie eine Ideengeschichte, in der Intuition und Aufgeschlossenheit eine wichtige Rolle spielen: Territorien und Vögel haben Menschen zum Nachdenken angeregt, und eben das interessiert mich. Mir schwebt sozusagen eine Geschichte in einzelnen »Falten« vor, bei der ich eine Idee verfolge, die den Forschern von den Vögeln eingegeben worden ist; ihr will ich in weiteren Faltungen nachspüren, sobald ein mit anderen Vogelarten konfrontierter Autor sie weiterspinnt oder im Kontext eines neuen Problems wieder aufgreift, manchmal sogar ohne zu wissen, dass sie schon lange zuvor von jemand anders gedacht worden ist. Das trifft auf Ideen zu, die sich zu Hypothesen verfestigen, auf Ideen, die mehrere Leben oder schlicht ein langes Leben haben, wenn die Vögel sie einem Forscher eingeben und ihm bedeuten, dass sie ihnen wichtig sind und auch für andere Vögel und Forscher dringlich sein können. Oder aber wenn sie zu Kontroversen geführt haben, weil es um Vögel ging, die andere Aspekte berücksichtigt wissen wollten. Anderen Ideen wird das Leben schwerer gemacht: zum Beispiel der Vorstellung vom einsamkeitsliebenden Rotkehlchen, die keine Fürsprecher fand und auch mir, wenngleich in einer etwas anderen Form, erst am Ende meiner Nachforschungen wiederbegegnen sollte. Folglich gibt es eine mit den Vögeln verknüpfte Ökologie der Ideen, die umso interessanter ist, als sie bezüglich der Territorien nicht der vorgezeichneten Bahn des Fortschritts folgt. Viele dieser Ideen sind tatsächlich schon im Rahmen der ersten Forschungen aufgetaucht, dann aber in Ermangelung von Verbündeten wieder verblasst. Es gibt Hypothesen, die warten müssen, bis ein Vogel sie widerlegt, bis ein Wissenschaftler oder eine Wissenschaftlerin erneut für sie eintritt. Hypothesen, die sich Gehör verschaffen, sobald die Bedingungen günstig sind. Und es gibt andere, die so mächtig und kompromisslos sind, dass sie allen Platz beanspruchen und die anderen zu ersticken drohen.

Die Geschichte beginnt, wie bereits erwähnt, vor dem 20. Jahrhundert, auch wenn frühere Autoren quasi nur nachträglich zugelassen wurden. So zum Beispiel der deutsche Ornithologe Bernard Altum, dessen Forschungsarbeiten aus dem Jahr 1868 erst 1935 aus dem Deutschen übersetzt wurden. Seiner Meinung nach waren die von den Territorien zwischen den Vögeln gewährleisteten Entfernungen notwendig, um die Ernährung der Jungen zu sichern. Alle Vogelarten haben eigene Ernährungsgewohnheiten, und bei der Futtersuche – nach Altum der zentrale Aspekt der Tierwelt – schränken sie ihre Bewegungen auf einen begrenzten Raum ein. Da das Ansiedeln in der Nähe anderer Pärchen zu einer Hungersnot führen könnte, benötigen sie also je nach Ertragskraft ein Revier von einer gewissen Größe. Obwohl diese Idee stark umstritten war, sollte sie sich lange halten. Auch Henry Eliot Howard äußerte sie, ohne die Arbeit seines Vorgängers zu kennen. Seiner Ansicht nach habe das Territorium die Aufgabe, den Nahrungsbedarf zu decken. Darüber hinaus reguliere es die Population, denn nur diejenigen Vögel, die sich ein Revier sichern könnten, pflanzten sich auch fort. Für Vogelarten, die in Kolonien zusammenleben und deren Nahrungsmöglichkeiten wie bei den Meeresvögeln unbegrenzt, die Nistplätze aber selten sind, erfüllt das Territorium ausschließlich letztere Funktion.

Die Regulierung der Population und die Notwendigkeit, eine ausreichend große Futterzone zu garantieren, lassen sich also getrennt voneinander betrachten. Ich werde später noch einmal auf die Theorie der Bestandsregulation zurückkommen und mich zunächst auf das Territorium als Sicherung für das Überleben seiner Bewohner konzentrieren. Wie bereits erwähnt, hatte sich diese Hypothese als erste durchgesetzt: Man findet sie schon bei Aristoteles, auch wenn er nicht ausdrücklich von einem Territorium spricht. Ihre Logik ist durchaus nachvollziehbar, solange wir uns nicht auf die Vorstellung fokussieren, dass die Tiere einen Ort »besitzen« und als exklusiv verteidigen. Wenn das Revier ein Nistplatz ist, liegt es aus Gründen der Sparsamkeit und der Vorsicht im Interesse aller Pärchen, ihre Bewegungen auf das Nötigste zu beschränken: Sich vom Nest zu entfernen, um sich und die Brut mit Nahrung zu versorgen, erhöht die Gefahr; nicht nur, weil die Eltern die Jungvögel unbeaufsichtigt zurücklassen – Raubvögel oder kannibalistische Artgenossen könnten ihre Abwesenheit ausnutzen –, sondern auch, weil sie sich in weniger vertraute Gebiete vorwagen müssten. Das Revier ist demgegenüber ein vertrautes Gebiet, es bietet eine Nahrungsquelle in unmittelbarer Nähe und eine wohlbekannte Schutzzone vor möglichen Räubern.

Von Anfang an, betont Margaret Nice, sei diese Hypothese umstritten gewesen. 1915 beobachtete John Michael Dewar Austernfischer und stellte fest, dass die oft sehr dehnbaren Grenzen zum Teil von der Anwesenheit anderer Pärchen abhängen. Jedes Revier umfasst ein Gebiet für das Nisten und die Fütterung, während rings darum eine größere Futterzone einen »Gemeinschaftsbesitz« zu bilden scheint, von dem sich sämtliche Vögel des Bezirks unbehelligt ernähren können.[1] Die Weibchen mancher Weidenlaubsänger, die Sidney Edward Brock ein paar Jahre zuvor beobachtet hatte, bauen ihr Nest gelegentlich außerhalb des Territoriums »ihrer« Männchen. 1931 spottete der Ornithologe Lord Tavistock über »die große Illusion der Nahrungsknappheit«: Auf dem Territorium der von ihm beobachteten Fitisse hatte er Futter für ein gutes Dutzend Vögel ausfindig gemacht. Auch der britische Ornithologe David Lack konstatierte im Jahr 1933, dass die

Vögel, die ihr Revier am kämpferischsten verteidigen, weniger auf die Reviergrenzen achten, sobald es ihre Jungen zu füttern gilt: Ginge es um die Futtermenge, müssten sie im Gegenteil deutlich aggressiver sein. Seiner Meinung nach sei das Revier jedoch nichts weiter als eine Angelegenheit der Männchen, denen es eine exponierte »gesellschaftliche« Stellung zum Singen und Balzen biete. 1935 beobachtete David Lack Flammen-Wida, Webervögel aus tropischen Regionen, deren Weibchen sich offenbar außerhalb des Reviers ernähren. Demnach bestünde dessen Funktion vermutlich darin, die Männchen zu isolieren und den Weibchen bei der Partnersuche behilflich zu sein.[2] Nach Robert Hinde bedeutet die Tatsache, dass ein Vogel sich innerhalb seines Reviers ernährt, nicht automatisch, dass die Versorgung das alles entscheidende Kriterium ist, so wie umgekehrt die Tatsache, dass sich der Vogel sein Futter außerhalb besorgt, nicht zwingend bedeutet, dass es keinen Zusammenhang zwischen Revier und Nahrung gibt.[3] Offensichtlich besteht noch lange kein Konsens über die Ernährungsfunktion des Reviers.

Dennoch bleibt festzuhalten, und zahlreiche Forscher weisen darauf hin, dass die Hypothese des Reviers als Nahrungsressource trotz allem zu den Lieblingsthesen der Wissenschaftler gehört, zumal sie sich unproblematisch verifizieren lässt. Das Ernährungsverhalten ist leicht zu beobachten und gut messbar. Zudem eignet es sich für konkrete Experimente. Wenn das Futter die Hauptattraktion eines Territoriums ist, muss man theoretisch nur eine üppige Nahrungsquelle außerhalb von ihm bereitstellen, um die Vögel zu einem Ortswechsel zu veranlassen. Derlei Versuche haben ergeben, dass der entscheidende Faktor nicht das Futter ist: In den meisten Fällen akzeptieren die Vögel das Angebot, nehmen die Nahrung auf und kehren wieder an ihren Ausgangsort zurück. Experimente wie diese haben indes keine nennenswerten Auswirkungen, da sie nur selten publiziert worden sind, was wiederum die Langlebigkeit dieser umstrittenen Hypothese erklärt. Die betreffende Publikationsscheu hängt Christine Mahler und Dale Lott[4] zufolge mit der zugrunde liegenden Problemstellung zusammen. Wenn die Forscher beobachten wollen, wie sich Veränderungen in der Nahrungszufuhr auf die räumliche Organisation der Vögel auswirken, stehen sie oft vor einem negativen Ergebnis, sprich: Es ändert sich scheinbar gar nichts. Da sie folglich keine stichhaltigen Behauptungen aufstellen können, verzichten sie kurzerhand auf die Veröffentlichung ihrer Ergebnisse. Wenn aber nur diejenigen publizieren, die eine Veränderung in der gesellschaftlichen Organisation nachweisen können, entsteht eine Schieflage zugunsten solcher Forschungsarbeiten, die einen Zusammenhang zwischen Nahrungsressourcen und sozialem Miteinander aufzeigen.

David Lack hatte also die Hypothese der Ernährungsfunktion angefochten und eine andere vorgeschlagen: Das Revier sei eine Sache der Männchen, ein perfekter Ort der Selbstdarstellung. Schon früh insistierten die Ornithologen auf der Bedeutung des Gesangs für die Reviergründung. Bernard Altum zum Beispiel meinte, der Gesang habe die Aufgabe, die Vögel aufeinander aufmerksam zu machen und die Grenzen des

Territoriums abzustecken. Seiner Beobachtung nach begännen Konflikte meist mit dem Gesang, und auch währenddessen spiele er noch eine wichtige Rolle. 1903 behauptet Charles Moffat, es sei Aufgabe des Gesangs, »die Anwesenheit eines unbesiegten Männchens zu signalisieren, das einen bestimmten Ort für sich beansprucht und betont, dass es kein anderes Männchen hereinlassen wird, ohne einen Streit vom Zaun zu brechen«.[5] Warum aber dann ein so elaborierter Gesang, wenn doch ein paar Töne genügen würden? Moffat zufolge stellt der ausgefeilte Gesang einen Vorteil dar. Nur die Sieger singen, sagt er. Deswegen proben und verbessern sie ihren Gesang beständig. Der erfahrene Sänger zeige seinen Artgenossen die Qualität seines Könnens und erlaube den Begabtesten, »sich auf die längste Erfolgsliste zu berufen« – als sei der Gesang ein klangliches Abzeichen wiederholter Siege –, während die mittelmäßigeren Sänger »natürlicherweise Angst haben, sich mit ihnen zu messen«. Moffat bricht hier mit der Theorie der sexuellen Selektion, der zufolge die Weibchen durch das Singen angelockt werden. Auch nach seiner Theorie hat der Gesang eine »selbstdarstellerische« Funktion, richtet sich aber an die anderen Männchen, nicht an die Weibchen – als »Werbung« für den Wert des Sängers und gleichzeitig als Warnung: Eine ansprechende Darbietung müsste eigentlich jeden Versuch, sich mit dem talentierten Sänger zu messen, im Keim ersticken.

Mit dieser Perspektive nimmt Moffat in gewisser Weise die spätere Theorie der ehrlichen Signale vorweg: Der Vogel unterstreicht zuverlässig seinen Wert, denn er kann sich nicht verstellen. Der Gesang ist ein ehrliches Signal, das auf eine langjährige Praxis verweist: auf seine im Laufe der Zeit erworbenen Fähigkeiten, auf eine solide Gesundheit oder – um mit Moffat zu sprechen – auf wiederholte Siege in der Vergangenheit. Der gleichen theoretischen Linie folgend, interpretiert Moffat das intensiv glänzende Gefieder mancher Vögel. Die Farben seien nicht dazu bestimmt, die Aufmerksamkeit der Weibchen zu erregen, wie die Theorie der sexuellen Selektion mutmaßt. Vielmehr hätten sie sich entwickelt »wie eine Kriegsbemalung«, eine farbenfrohe Warnung an alle Rivalen: »Ein Beweis dafür ist, dass ich nie einen Konflikt zwischen zwei Vögeln mit schillerndem Gefieder erlebt habe, ohne dass die auffälligsten Federn bei dem Streit demonstrativ ausgestellt würden.« Dazu führt Moffat zahlreiche Beispiele an, zum Beispiel den Kampfläufer, »dessen Schmuck ihm bei seinen berühmten Kämpfen ebenso nützlich ist wie ein Schild«. Wenn man diese bunten Vögel gut sichtbar auf einem Gebüsch sitzen sieht, »erinnern sie uns dann nicht alle an leuchtende kleine Wimpel, die markieren, welcher Raum jeweils von wem beherrscht wird?« Mit den Farben geben die Vögel ihren Artgenossen zu verstehen, wer über das jeweilige Revier gebietet. Dies, so Moffat weiter, »erlaubt ihnen zwar nicht, sich ein Stückchen Erde zu sichern, garantiert aber dessen Besitz ohne nennenswerte Störungen«. Außerdem bedeute offenbar »die Geschwindigkeit, mit der sich die Eindringlinge für gewöhnlich zurückziehen, wenn sie von den ›etablierten Verteidigern‹ angegriffen oder auch nur bedroht werden, dass der Anspruch auf den vorübergehenden Besitz [Moffat meint hier die saisonale Nutzung] von jedem vernünftigen Vogel respektiert wird«.[6]

Aus Moffats Ideen schälen sich zwei Hypothesen heraus, zwei theoretische Wege. Zum einen haben wir deutlich gesehen, dass Gesang und Farben nicht nur der Werbung, sondern auch der Warnung dienen: Sie grenzen die Konflikte ein. Diese Tatsache lässt mich hinter seinen Ideen eine ähnliche Intuition vermuten wie jene, die später die Theorie der ehrlichen Signale inspirieren sollte. Das ehrliche Signal kann eine konfliktregulierende Rolle spielen, weil der Gesang ein verlässliches Kriterium für die Qualität eines Vogels darstellt: Man braucht sich nicht in einem »richtigen« Kampf mit ihm zu messen, um dessen Ausgang zu kennen. So lassen sich schon im Voraus verlorene Kämpfe vermeiden, mit denen man nur Energie verschwenden oder unnötige Risiken eingehen würde. Hier sei daran erinnert, dass die Frage der Aggression von Anfang an mit dem Territorium assoziiert und ihre Regulierung vor allem von Konrad Lorenz zwingend mit seiner Gründung verknüpft worden war: Das Territorium verdanke sich dem Aggressionsverhalten und könne dieses regulieren, indem es die Tiere in einem gewissen Abstand zueinander im Raum verteile. Darauf komme ich im nächsten Kapitel noch einmal zurück.

Zum anderen sollte Moffats Ansatz, dem zufolge Gesang und Farben einen selbstdarstellerischen Wert besitzen, manche Forscher zur Beschäftigung mit einem sehr lohnenswerten Problem anregen – der Frage des Scheins. Hier gibt sich intuitiv eine der interessantesten Facetten des Territoriums zu erkennen, die vor allem

Gilles Deleuze und Félix Guattari in ihrem Buch *Tausend Plateaus* spürbar machen: Das Territorialverhalten sei in erster Linie ein expressives Verhalten, das Territorium eine *Ausdrucksform*. Oder aber, mit den Worten Étienne Souriaus: Bei den Vögeln wird das Revier mit all seinen Farben, Gesängen, Posituren und ritualisierten Tänzen von theatralisierenden Absichten[7] durchdrungen. Das bedeutet gleichfalls, dass das Territorium eine bestimmte Aufmerksamkeit ausbildet oder an besondere Aufmerksamkeitsformen appelliert: Alles ist und alle sind territorialisiert, Empfänger wie Sender der Botschaften. Und gemeinsam erkunden sie einen neuen Code.

Doch wenn ich das Territorium als Ausdrucksform oder theatrale Absicht begreife, entferne ich mich von der Vorstellung, der zufolge diese Theatralisierung die Aufgabe hätte, die Kämpfe zu regulieren. Wenn sich das Revier nämlich als Ort einer theatralischen Absicht definiert, ist die Aggression nicht mehr ein psychologisches Motiv oder der Grund für die territoriale Aktivität, sondern ein ästhetisches oder musikalisches Motiv, das mit seinem Stil, seiner Präsentationsweise, mit seiner Energie, Choreografie und Gestik prägend wird: Die Aggression wird zu einer Scheinhandlung. Hinter dem sogenannten »Aggressionsverhalten« verbirgt sich eine andere, expressive Funktion. Das Revierverhalten bezieht sich nur *formal* auf die Aggressionsgesten, wie ein Spiel, das Konflikthandlungen verwendet – beißen, bedrohen, verfolgen, jagen etc. –, um sie mit einer neuen Bedeutung zu füllen. Die Aggression als Ausdrucksform ähnelt also einer spielerischen »Vortäuschung«: Die Gesten des Spiels blenden die Wirklichkeit aus, sublimieren sie, »um eine reine, sich selbst genügende Form zu behalten«, schreibt Souriau. Dazu zählt zum Beispiel das, was er als »Mimik« bezeichnet, wenn etwa die Bedrohungsrituale des »so tun als ob« aggressive Gesten einsetzen. Später bedauert er, dass

> manche Biologen die Dinge zu rationalistisch interpretieren, indem sie darin lediglich eine Ersparnis der negativen Begleiterscheinungen des Kämpfens sehen: Die Mimik erziele das gleiche Ergebnis bei geringerem Schaden. Doch das mithilfe so unterschiedlicher Mittel erreichte Ergebnis ist nicht zwingend das gleiche. Der Sieger ist nicht der beste Kämpfer, sondern der beste Schauspieler.[8]

Die Vorstellung, dass die scheinbar das Revierverhalten bestimmende Aggression nur »gespielt« sei – wovon gerade ihre Extravaganz zeuge –, existiert bei mehreren Forschern. Denken wir zum Beispiel an Margaret Nice und ihre Intuition, es handle sich möglicherweise um flexible, austauschbare »Rollenspiele«. Ihrer Beobachtung nach steht das Schauspiel der Singammer in einem umgekehrt proportionalen Verhältnis zur eigentlichen Begegnung: Der Bluff ersetzt die Handlung. Darauf komme ich später noch einmal zurück, da diese Frage ganz unterschiedlich rezipiert worden ist und die Forscher vor ein faszinierendes Rätsel gestellt hat: Wozu das Ganze, wenn doch alles nur vorgetäuscht ist und der Ausgang der Konflikte nach manchen Beobachtungen derartig vorhersehbar ist?

Wenn ich mich aber konsequent an Moffats Ansatz halte, steht der Schein im Kontext des Territoriums in einem neuen Kräfteverhältnis – Macht oder Zauber des Scheins, der aus der Distanz zu wirken vermag, um selbst auf Distanz zu halten. Jene besonderen Erscheinungsweisen wie der Gesang als »hörbar Gemachtes«[9] und die Farben und Balztänze als »sichtbar Gemachtes« wurden von Darwin als Auswirkungen der sexuellen Selektion gewertet. Sie sollten die Aufmerksamkeit der Weibchen erregen und sie verführen. Diese übten im Gegenzug einen starken selektiven Druck im Hinblick auf bestimmte Merkmale wie schillernde Farben, Gesänge oder choreografische Extravaganzen aus. Moffat erteilt dieser Theorie eine Absage und behauptet, die Weibchen hätten damit kaum etwas zu tun. Andere Forscher folgten seiner Meinung, ohne die Rolle der Weibchen zwingend auszuschließen. Manche waren der Meinung, dass Farben, Gesänge und Balztänze von den Weibchen ausgewählt und anschließend für die territoriale Selbstdarstellung umfunktioniert worden seien. Andere schlugen genau den umgekehrten Weg ein: Durch das Territorium hätte sich dieser Schein ausbilden und anschließend seine Wirkung auf die Weibchen ausüben können, die wiederum durch ihr Selektionsverhalten bestimmte Merkmale gefördert hätten. Beiden Versionen zufolge sind die Erscheinungsweisen in neuen Machtstrukturen verortet und in der Lage, andere Zauberwirkungen, andere Affekte zu erzeugen – fesseln, anziehen, verführen, Verlangen wecken, beeindrucken, erschrecken, auf Distanz halten.

Egal, welche dieser beiden Geschichten man erzählen möchte, der Schein – oder die Erscheinungsarten – steht aus dieser Perspektive *im Dienste* der Macht des Affekts. Diese Geschichten öffnen das Leben für das Erfinden und Neuerfinden von Gepflogenheiten, für Improvisationen und Auswege, für Umleitungen und überbordende Formen des Opportunismus. Es gilt, sämtliche Register zu ziehen, und was für Register! Was für ein Luxus! »Die Vögel singen viel mehr, als nach Darwin erlaubt ist«[10], schreibt der niederländische Biologe Frederik Buytendijk. Auch das ist eine ungewisse, von den Biologen kaum befürwortete Bestimmung des Territoriums: Es hat einige von ihnen auf den Gedanken gebracht, dass nicht alle Verhaltensweisen zwingend angemessen oder nützlich sein müssen, dass zum Beispiel »die Vögel schön sind, weil sie um ihretwillen schön sind«; die gewagte Hypothese, dass sich die großen, farbenfrohen Federn ursprünglich nach Kriterien der Schönheit ausgebildet und erst anschließend auch dem Fliegen gedient hätten.[11] Dabei verzichten diese Biologen nicht auf die Vorstellung, dass manche Funktionen bestimmte Merkmale oder Verhaltensweisen begünstigen und sich die Evolution der Zweckmäßigkeit verschrieben hat. Wenn man nach Funktionen sucht, verfolgt man eine Geschichte nach: Sie erzählt von etwas Neuem, das ein Leben findet, ein Wesen, das dieses Leben annimmt und in etwas oder »etwas anderes« verwandelt, ein Lebewesen, dessen Verhältnis zur Luft, zur Temperatur, zu seinen Artgenossen und zum Milieu sich verändert. Eben dieses »andere« gilt es im Auge zu behalten. Baptiste Morizot zufolge blendet das »Wozu?«, auf das wir die Funktion manchmal eingrenzen wollen, die Tatsache aus, dass sich die natürliche Auslese in der Vergangenheit auf eine Vielzahl aufeinanderfolgender Funktionen ein und desselben Merkmals beschränkt hat und »mithin reiche Möglichkeiten in diesem Erbe schlummern. Das Individuum verfügt also über einen gewissen Freiheitsgrad, um die betreffenden Gepflogenheiten neu zu erfinden.«[12] Der von Morizot vorgeschlagene Begriff »Gepflogenheiten« verweist auf die Tatsache, dass die Tiere zwar bestimmte Eigenschaften übernommen haben, die aufgrund ihrer Nützlichkeit unter bestimmten Umständen selektioniert wurden, dass sie mit diesen Eigenschaften aber die Erinnerung an eine Vielzahl anderer Gepflogenheiten transportieren, mit denen sie im Laufe ihrer Geschichte womöglich verknüpft gewesen sind – diverse Umleitungen und Neuerfindungen. Und diese Gepflogenheiten bleiben verfügbar, um »etwas anderes« aus ein und demselben Merkmal zu machen – Feder, Gesang oder Aggressionsgeste –, wenn sie von der Auslese nicht sogar erneut für eine völlig andere Gepflogenheit genutzt werden.

Doch zurück zu Moffat – die Hypothesen, die das Revier vor allem als Angelegenheit der Männchen einordnen, sind mehrfach widerlegt worden. Die Logik verlangt, dass auch die Weibchen dazugehören, ist doch ein Großteil der Territorien, um nicht zu sagen, ihr Hauptanteil, an die Fortpflanzung geknüpft. Es stimmt allerdings auch, dass die Weibchen diesen diversen Hypothesen zufolge stets im Hintergrund der territorialen Bühne zu bleiben scheinen und oft auf die Funktion von Zuschauerinnen, bestenfalls Statistinnen, meist aber auf die Ernährerinnenrolle beschränkt bleiben – mit einigen wenigen Ausnahmen. 1935 machte man die Entdeckung, dass die Spottdrosseln zwei Territorien haben, ein Sommer- und ein Winterrevier, wobei letzteres von den Männchen und Weibchen verteidigt wird und ausschließlich der Versorgung dient. An der Verteidigung des Sommerreviers hingegen beteiligt sich das Weibchen nicht. Im gleichen Jahr beobachtete der niederländische Ornithologe Nikolaas Tinbergen, dass bei den Wassertretern das Weibchen das Revier beansprucht und verteidigt. Es vollführt ausnahmslos für alle Neuankömmlinge einen von Lockrufen begleiteten zeremoniellen Flug: Ein Weibchen wird angegriffen, ein Männchen hingegen umworben. Auch Weibchen anderer Vogelarten bilden eine Ausnahme, manche, weil sie in Bezug auf andere Weibchen ein Territorialverhalten an den Tag legen, andere, weil sie sich zusammen mit den Männchen an Konflikten beteiligen. Bei den beringten Rotkehlchen, die David Lack Ende der 1930er Jahre beobachtet hatte, verteidigen die Männchen das ganze Jahr über ein Revier, die Weibchen nur im Herbst. Barbara Blanchard hatte bekanntlich bemerkt, dass ein vermeintlicher Grenzkonflikt zwischen zwei Männchen in Wirklichkeit auf zwei Weibchen zurückging. Ihr anfänglicher Irrtum sagt viel über die jeweiligen Erwartungen aus. Die drei Forscherinnen Katharina Riebel, Michelle Hall und Naomi Langmore beklagten unlängst, dass sich kein einziger Wissenschaftler für die singenden Weibchen interessiere. Allein der Titel ihres kurzen Artikels spricht Bände:

»Bei den Singvögeln kämpfen die Weibchen darum, gehört zu werden«. Erwiesenermaßen seien singende Weibchen seltener als singende Männchen. Trotzdem habe man in den letzten Jahren gemerkt, dass sie vermutlich sehr viel zahlreicher seien als bisher angenommen. Außerdem seien ihre Gesänge ausnehmend komplex. Die drei Autorinnen gehen davon aus, dass bei den Singvögeln Männchen und Weibchen ursprünglich gleichberechtigt gesungen hätten. Weshalb der Anteil der Weibchen im Laufe der Zeit derartig abgenommen hat, bleibe unklar.[13]

Diese Beobachtungen ändern jedoch nichts daran, dass das Revier in der aktuellen Forschung hauptsächlich eine Sache der Männchen ist. Da es jedoch seit den ersten Theorien eine so wichtige Rolle für den Prozess der Fortpflanzung spielt, sind die Weibchen zwangsläufig früher oder später ebenfalls betroffen. Für manche Wissenschaftler, so Howard, diene das Revier als Treffpunkt. Seiner Ansicht nach habe es außerdem die Funktion, »jedem seine Bewegungsfreiheit zu sichern«. Howard stellt sich ein Szenario vor,[14] dem zufolge manche Vögel ihr Nest erst eine Weile nach der Paarung bauen. Wenn das Pärchen kein Revier hat, liege eine gewisse Zeit zwischen Befruchtung und Nestbau, in der Männchen und Weibchen sich bei der Nahrungssuche frei bewegten. In diesem Fall sei das erneute Zusammenfinden des Paares ein gewagtes Unterfangen, weil es keinen gemeinsamen Treffpunkt hätte, nichts lockt sie gemeinsam an oder hält beide zurück. Gründet das Männchen hingegen ein Revier, kann sich jeder frei bewegen und sogar mit anderen verbünden, ohne eine permanente Trennung zu riskieren, da er den Partner bei Bedarf für den Nestbau problemlos wiederfindet.

Wenn die Paare von einer Saison zur anderen stabil sind, die Vögel aber außerhalb der Paarungszeit getrennt leben, können die Weibchen ihren Partner leichter finden, wenn dieser an denselben Ort wie im Vorjahr zurückkehrt. Demnach wäre es Aufgabe oder Konsequenz des Reviers, die Vögel zu binden – die Männchen an ihr Territorium, die Weibchen über das Territorium wiederum an die Männchen. Manche sind der Meinung, dass das Revier der Begegnung dient, weil es den Paarungsritualen die nötige Sicherheit bietet. Dabei handelt es sich oft um langwierige Prozesse, die heikle Anpassungen verlangen, und es ist nicht ausgeschlossen, dass die Zurschaustellungen und Gesänge Teil dieser Rituale sind, mit denen die Männchen die Weibchen stimulieren, ja, dass sie sogar die Fortpflanzungszyklen synchronisieren.

Darüber hinaus schützt das Revier das Weibchen vor Annäherungsversuchen anderer Vögel. So etwa im Falle der Singammern, die Margaret Nice als wahre Schürzenjäger beschreibt: »Die Männchen hofieren die Nachbarweibchen während der vorübergehenden Abwesenheit ihrer Männchen normalerweise auf ausgesprochen plumpe Art. Insofern scheint das Revier einer charakterlichen wie ökonomischen Notwendigkeit zu entsprechen.«[15]

Manche Wissenschaftler erwägen, die Theorie der sexuellen Selektion zu erweitern: Womöglich wählten die Weibchen weniger ein Männchen als ein bestimmtes Territorium mit spezifischen Eigenschaften aus. Bei der Beschäftigung mit dieser Frage sollten sie zunächst beobachten, dass die Größe des Reviers und die Wahl der Beziehungsform – Monogamie oder verschiedene Formen der Polygamie – miteinander zusammenhängen. Bei einer Kolibri-Art zum Beispiel, dem in Costa Rica beobachteten Feuerkehlkolibri, gründet das Männchen ein Territorium, in das die Weibchen bei der Futtersuche eindringen: Sie werden verjagt, beharren aber so lange, bis sie sich mit dem Männchen paaren. Nun duldet das Männchen sie, vorausgesetzt, dass sie sich nicht von dem Blütennektar ernähren, den es selbst beansprucht. Umgekehrt verteidigt es die von den Weibchen ausgesuchten Blüten vor anderen. Diese Tatsache veranlasst die Autoren zu der Hypothese, dass die Weibchen eher ein Revier als ein bestimmtes Männchen auswählen. Die sexuelle Selektion wird dadurch nicht widerlegt, sondern nur durch alle anderen Kriterien ergänzt, die bei der Partnerwahl eine Rolle spielen können: »Aus dieser Perspektive«, schreiben Larry Wolf und Gary Stiles, »sind die Territorien externalisierte Geschlechtsmerkmale, genau wie die kunstvollen Lauben der Laubenvögel.«[16]

Anfang der 1960er Jahre beobachtete Jared Verner im Staat Washington zwei Gruppen von Sumpfzaunkönigen: die eine in der Umgebung von Seattle, die andere etwa vierhundert Kilometer weit entfernt in der Nähe der Stadt Cheney, in Turnbull.[17] Die Tatsache, dass manche Vögel polygam leben und andere nicht, begründet Verner mit dem jeweiligen Territorium. Die beiden Populationen unterscheiden sich in vielerlei Hinsicht. In Seattle beispielsweise ernähren die Männchen die Jungen die ganze Saison über, in Turnbull nur am Ende der Saison. Viele der Männchen, wenngleich nicht alle, leben sowohl in Seattle als auch in Turnbull polygam, sodass manche von ihnen, obwohl sie über ein eigenes Territorium verfügen, alleine bleiben. Die Weibchen wählen die Männchen anhand der Qualität ihres Territoriums und leben infolgedessen gelegentlich mit anderen zusammen, die die gleiche Wahl getroffen haben – nebenbei bemerkt, ist die männliche Polygamie dann weniger eine »männliche« Strategie, wie so oft suggeriert, als vielmehr eine Folge der Entscheidung der Weibchen, zu mehreren mit demselben Partner zusammenzuleben. Bei den bigamen Männchen aus Seattle ist die Legezeit der beiden Weibchen so aufeinander abgestimmt, dass sich die Zyklen praktisch nur an zwei Tagen überschneiden: Während die Jungen des ersten Weibchens allmählich das Nest verlassen, schlüpfen bereits die des zweiten. Beide Weibchen profitieren so fast die gesamte Brutzeit über von der exklusiven Hilfe des Männchens. In Turnbull hingegen helfen die Männchen erst gegen Ende der Saison, ohne dass eine vergleichbare Synchronisierung zu beobachten wäre. Verner begutachtet die Territorien und kommt zu dem Schluss, dass die Fläche gegenüber der Qualität der Ressourcen kaum ins Gewicht fällt. Wenn sich die Weibchen aus Turnbull an ein Männchen binden, das in einem besseren Revier lebt und das sie mit einem anderen Weibchen teilen, nehmen sie also eine geringere Unterstützung in Kauf, als wenn sie sich für ein weniger attraktives Territorium mit einem alleinstehenden Männchen entscheiden. Dennoch gibt es offenbar Weibchen, die Letzteres bevorzugen, was erklärt, dass nicht alle Sumpfzaunkönige polygam leben. Verner zitiert diesbezüglich das Männchen 25, dessen gleichwohl ausgedehntes Revier nur eine spärliche schutzspendende Vegetation zu bieten hat – offenbar ein entscheidendes Kriterium für die Weibchen. Dieses Männchen habe als wenig attraktiv gegolten und sollte erst spät eine Partnerin finden: »Als es ihm endlich gelungen war, sich zu paaren, war sein Nest so instabil, dass ich beschlossen habe, es gut zu befestigen, damit es nicht herunterfällt.«

Ich würde gerne einen Augenblick bei dieser Geschichte verweilen, denn sie offenbart uns etwas Wichtiges: Wir erfahren, dass in der Praxis nicht alles den geltenden Konventionen der Wissenschaft entspricht, dass der Beobachtungsgegenstand nicht immer Distanz und Gleichgültigkeit verlangt oder Interferenzen verbietet – übrigens ein sehr relatives, parteiisches Verbot, wie wir später noch sehen werden. Reflexartig meinte ich zuerst, in Verners Methode das Amateurhafte zu erkennen. Das würde jedoch die Tatsache ausblenden, dass die ornithologische Laienpraxis ausgesprochen gewaltsam war: Ein Blick in das wunderbare Buch *Le Traquet kurde* von Jean Rolin zeigt, was teilweise unter der »Liebe zu den Vögeln« verstanden wurde. Im 19. Jahrhundert waren viele Vogelliebhaber gleichzeitig auch Sammler, und alles deutet darauf hin, dass Liebe für viele gleichbedeutend war mit Aneignung. Um eine allzu schiefe Analogie zu vermeiden, könnte man Verners Ansatz eher als Methode einer spezifischen Aufmerksamkeit bezeichnen. Dabei bin ich geneigt, diese Aufmerksamkeit spontan auf eine Eingebung des Forschungsobjekts zurückzuführen. Es handelt sich um eine Methode, die sich für Unterschiede interessiert, und indem sich der Forscher auf die für die Vögel besonders dringlichen Anliegen konzentriert, lässt er sich von ihnen inspirieren. Sicher bewegt sich diese Methode im Rahmen einer Theorie, die eine große Frage – die Entscheidung für die Polygamie – zu ergründen versucht. Sie bezieht sich dabei jedoch ausdrücklich auf die Sumpfzaunkönige mit ihren unterschiedlichen Präferenzen und eruiert, wie sich jeder einzelne angesichts der verschiedenen Optionen am besten – manchmal auch weniger gut – zurechtfindet. Daraus ergeben sich Geschichten, echte Geschichten mit Akteuren, die eigene Absichten, Projekte und Wünsche verfolgen. Hören wir zum Beispiel die Geschichte von Männchen 16, das am 2. April 1961 in das Sumpfgebiet kam, lange nachdem die Männchen dort ihre Reviere etabliert hatten. Es siedelte sich in einer freien Zone an. Kurz darauf jedoch forderte es Männchen 2 heraus, dessen Weibchen legereif war. Durch die Situation in Bedrängnis gebracht, sah sich Männchen 2 gezwungen, einen Teil seines Reviers abzutreten. Es bewohnte selbst nur noch eine kleine Parzelle, während Männchen 16 nun fast über das gesamte Territorium verfügte, einschließlich der Nestumgebung. »Zum ersten Mal«, schreibt Verner, »hat ein Neuankömmling hier ein festansässiges Männchen aus seinem Handlungsraum vertrieben, was mich zu der Vermutung veranlasst, dass 16 deutlich aggressiver ist als der Durchschnitt.« Nachdem Männchen 2 sich also zwangsläufig zurückgezogen hatte, blieb das betreffende Weibchen mit Männchen 16 zusammen, vermutlich weil es bald legen würde und sein Nest bereits ausgekleidet war. Doch als der Fortpflanzungszyklus abgeschlossen war, verließ es das Territorium und suchte sich einen neuen Partner, Männchen 13, das bisher, vermutlich aufgrund seines minderwertigen Reviers, allein geblieben war. Einer der seltenen Fälle, so Verner, in denen das Weibchen den Partner wechselte, obwohl der erste noch am Leben war. Man könne allerdings vermuten, schreibt er weiter, dass

> das auffallend aggressive Verhalten von Männchen 16 den Aufbruch eines auf ungewöhnliche Weise eroberten Weibchens veranlasst hat [ungewöhnlich deshalb, weil das Männchen den Platz des bereits mit einer Partnerin zusammenlebenden Bewohners beanspruchte]. Diese Tatsache verweist ebenfalls darauf, dass 16 niemals ein Weibchen erobert hätte, wenn es sich zu Beginn der Saison, als die anderen Männchen noch verfügbar waren, im Sumpfgebiet niedergelassen hätte.

Mit Bezug auf Isabelle Stengers habe ich weiter oben angemerkt, dass das Erkennen auch eine Sache des Geschmacks sei. Jenseits der Feststellung, dass Verner die wissenschaftlichen Regeln verletzte, indem er sich für den Unbeholfeneren der beiden einsetzte, spielte wohl auch das eine Rolle bei meinem ersten Reflex, seine Methode als amateurhaft zu bewerten – als Methode von »Liebhabern«, die eine passionierte Sachkenntnis unter Beweis stellen. Es sind Methoden des Geschmacks. Der Vergleich mit den Amateuren ist indes unangemessen, solange er ausblendet, dass die »Liebe« der früheren Liebhaber und Vogelsammler weder romantisch noch unschuldig war. Er hält erst dann stand, wenn man berücksichtigt, dass die Amateure sich verändert und ein neues Verhältnis zu den Vögeln entwickelt haben. Andererseits erscheint er umso überzeugender, wenn man die Geschichte von Verners Sumpfzaunkönigen als Beweis für den guten Geschmack derer sieht, die (wie etwa Musik- oder Weinliebhaber) ebenso winzigen wie entscheidenden Unterschieden nachspüren und sie zu schätzen und kultivieren wissen.

Doch zurück zu unseren Hypothesen. Zahlreiche Autoren sollten die Vermutung aufstellen, das Revier könne dem Schutz gegen Räuber dienen. Der Vogel kennt die Örtlichkeiten, er ist mit ihnen vertraut und weiß, wo er sich verstecken kann – das Territorium von Sumpfzaunkönig 25, das keine Schutzmöglichkeiten barg, war dementsprechend unattraktiv. Normalerweise bietet das Revier jedoch einen solchen Schutz gegen Störungen durch Artgenossen, wobei diese Funktion häufig im Zusammenhang mit einem Wettstreit (um die Weibchen oder Ressourcen) steht. Die Naturschützer von der Chicago School sollten Ende der 1940er Jahre unter der Leitung des Zoologen Warder Clyde Allee eine sehr viel offenere Hypothese aufstellen, die von ihrem Interesse am Leben der Gemeinschaften, an den gegenseitigen Abhängigkeiten jener »Verbindungen« und am subjektiven Erleben der Tiere zeugt. Die Forscher tendierten dazu, so schrieben sie, »nur die dramatischen Momente im Leben der Tiere herauszugreifen und zu betonen. Doch genau wie Pflanzen können auch Tiere unter den unterschiedlichsten Bedingungen überdauern; insofern gilt es dringend, selbst undramatische Beziehungen aufzudecken, die sie zum Weiterleben befähigen, wenn außer dem simplen Überdauern sonst nichts auf dem Spiel steht. Die Tiere sind schlicht und einfach am Leben. [...] Der ruhige Rückzug von Tieren, die ansonsten zu einer intensiven Aktivität fähig sind, ist oft ein grundlegender Teil des Lebens.«[18] Nebenbei bemerkt verweigern sich die Autoren deshalb auch experimentellen Methoden, denn

> ein Beobachter hat meist nichts anderes zu tun, als zu warten und zu schauen. Tatsächlich ist die Geduld eine der wichtigsten Zutaten für das naturkundliche Studium eines unbeeinträchtigten wilden Lebens, selbst wenn sich die Aufmerksamkeit auf ein paar Vögel oder Säugetiere beschränkt. Die wesenhafte Ungeduld der Beobachter ist einer der Hauptgründe für die zunehmenden Experimente im Bereich der Ökologie.

Vorausgesetzt, dass Ruhe eine wesentliche Rolle im Leben der Tiere spielt, erfüllt das Territorium eine wichtige Rolle: nicht nur als Schutzzone, sondern auch als Rückzugsort vom aktiven Leben. Die permanente Tätigkeit innerhalb einer Gemeinschaft ziehe den Verfassern zufolge überzogene Ansprüche nach sich, die zu Erschöpfung oder gar Tod führten. »Regelmäßige Erholungspausen mit einer relativen Untätigkeit, in denen das Tier nicht mehr oder nicht mehr unmittelbar auf diverse Stimuli reagiert, werden an geschützten Orten ermöglicht.« Insofern wird das Territorium trotz aller Unruhe, die dort herrschen kann, zu einem Ort der Abgeschiedenheit vom kollektiven Leben – doch basiert dieses Paradox nicht zumindest teilweise auf der spezifischen Aufmerksamkeit der Forscher für jene Unruhe? Das Territorium erlaube demnach einen vorübergehenden Bruch mit den Gepflogenheiten des sozialen Miteinanders, eine Ruhepause, in der sich neue Gewohnheiten ausbilden, die durch die bekannten Konventionen der Grenzen und der von Margaret Nice erwähnten »Rollen« geschützt werden: ein befriedeter Lebensraum. Von Margaret Nice stammt gleichfalls der Gedanke, dass das Territorium an Fragen des Komforts, der Vorhersehbarkeit und der Gewohnheiten gebunden ist. Ihr zufolge sei das Revier vor allem eine Frage von Gewohnheiten. Mithilfe der Beringung konnte sie zeigen, dass zahlreiche Vögel, ob unter normalen oder experimentellen Bedingungen, in ihr Winterquartier zurückkehren. Sie zitiert den britischen Ornithologen und Ökologen Frank Fraser Darling mit einer Feststellung aus dem Jahr 1937:

> Der Konservatismus der Gewohnheiten, ein wesentlicher Faktor für das Überleben der Art, neigt dazu, die Bewegungen in einem gegebenen Raum einzuschränken. Die freie Entscheidung ist ein wesentlicher Grund für Individuen oder Gruppen, am selben Ort zu bleiben. *Die Tiere leben an bestimmten Orten, weil sie ihnen verbunden sind.* Die Vertrautheit mit einem Stückchen Erde erlaubt dem Tier, es best-

möglich für seine Bequemlichkeit und sein Wohlergehen zu nutzen.[19]

Wir seien, so Margaret Nice, mit derlei Gewohnheiten vertraut: Ob in der Schule, in der Kirche oder in der Bibliothek, wir sitzen gerne immer am selben Platz. Die Vorstellung einer Ortsbindung ist in diesem Bereich selten, da die Wissenschaftler im Allgemeinen eher zurückhaltend mit solchen Begriffen umgehen. Dennoch finde ich bei den Forschern der Chicago School, bei Allee und seinen Kollegen, etwas, das in diese Richtung zu weisen scheint. Sie beobachten, dass die Tiere häufig nicht als Reaktion auf eine Gefahr migrieren, sondern weil sie Signale empfangen, die sie als unangenehm wahrnehmen. »Wir wissen nicht, ob sich in diesem Verhalten Gefühle zeigen, die einem ästhetischen Empfinden entsprechen, oder ob wir uns eher auf die mechanischen Aspekte des mentalen Gleichgewichts berufen sollen.« Ein paar Zeilen weiter fügen sie hinzu, dass man zwar auf die Risiken des Anthropomorphismus achten müsse, es ihnen aber widersinnig erscheine, wenn zur Beschreibung ökologischer Zusammenhänge eine griechische oder lateinische Vorsilbe für »lieben« benutzt würde (wie etwa in *Philopatrie*) – »als wäre es lächerlich oder verwerflich, es auf Englisch zu sagen«.[20]

Es ließen sich noch zahlreiche andere Hypothesen anführen für die Funktionen, die das Revier für einen Vogel erfüllen kann. Der Versuch, eine verbindliche Theorie aufzustellen, erscheint umso gewagter, als es immer mehr Abweichungen gibt, und zwar nicht nur zwischen den verschiedenen Arten, sondern auch innerhalb ein und derselben Art in unterschiedlichen Habitaten; manchmal sogar innerhalb einer Art, die sich dasselbe Habitat teilt, wie wir bei den Zaunkönigen gesehen haben. So können die Flötenkrähenstare, eine australische Elsternart, in stabilen Territorialgruppen aus zwei bis zehn Individuen leben, von denen maximal drei Pärchen zur Fortpflanzung befugt sind – dabei gibt es eine westaustralische Unterart, die Gruppen aus bis zu 26 Individuen bildet, von denen sich sechs Männchen für ein polygames Zusammenleben entschieden haben.[21] Innerhalb der Flötenkrähenstare unterscheiden sich auch die einzelnen Gruppen voneinander. Der schottische Ornithologe Robert Carrick, der sie Ende der 1950er Jahre in Australien studierte, beobachtete bis zu vier Organisationsformen am selben Ort. Zum einen macht er feste Gruppen aus, die auf weitläufigen Territorien mit üppigen Futtermöglichkeiten leben, während die sogenannten »marginalen« Gruppen kargere Zonen besiedeln. Darüber hinaus gibt es »mobile« Gruppen, die sich zwischen Futter- und Nistgebieten hin und her bewegen, sowie »offene« Gruppen, die sich auf Weideflächen bilden und in einem gut einen Kilometer entfernten Wald schlafen. Letztere sind nicht an ein Revier gebunden, sie nisten nicht und umfassen teilweise Vögel, die sich von kollektiven Verbänden getrennt haben: Sobald ein dominantes Männchen die Gruppe verlässt, löst sich diese nämlich auf. Bei den Weibchen aus nicht-territorialen Gruppen entwickeln sich nachweislich keine Eizellen. Die mobilen Gruppen können zwar Eier legen, aber die Jungen haben Mühe, zu überleben. Die Eltern, die sich zur Futtersuche weit fortbewegen müssen, lassen sie unbeaufsichtigt zurück, sodass sie oft Krähen, Falken oder verantwortungslosen *Homo sapiens* zum Opfer fallen, die Vogelküken klauen, um sie zu Haustieren zu machen. Die Sterblichkeit variiert nicht nur zwischen festen und mobilen Gruppen, sondern auch in Bezug auf die Territorialität als solche. Im Laufe des kalten, feuchten Winters 1956 fielen zahlreiche Vögel einer Tuberkulose zum Opfer. Da sie sich über Kontakt verbreitete, tötete sie keinen einzigen Territorialvogel, während man dem Autor zufolge in den umliegenden Wäldern täglich tote Vögel aus den offenen Gruppen fand.

Allein dieser kurze Überblick zeigt, wie viele Funktionen mit dem Territorium verknüpft sind: Das Sterben der nur schwach territorialisierten Flötenkrähenstare im Zuge einer Epidemie gibt David Lack und all denen recht, die annehmen, dass das Territorium vor Parasiten und Krankheitsüberträgern schützt. Stabile Territorien können sich sehr effizient auf die Nahrungsbeschaffung auswirken. Offenbar machen sie den Vögeln das Leben leichter: Sie strukturieren das soziale Miteinander und begünstigen die für die Fortpflanzung nötigen physiologischen Entwicklungen.

Andere Forscher machen die Beobachtung kollektiver Nester. Die – gemeinsame – Verteidigung des Reviers gilt in diesem Fall weder dem Geschlecht noch dem Futter, sondern dem Schutz eines Stückchens Erde, das in Wirklichkeit eine Ausdehnung des Nistplatzes ist.

Die Territorien vervielfältigen sich. Im Laufe unserer Entdeckungen sehen wir, wie sich neue Formen entwickeln. Ich schreibe inzwischen bewusst nicht mehr

»neue Hypothesen« oder »neue Perspektiven«, sondern »neue Territorien«, womit ich andere Formen des Bewohnens und der Weltaneignung meine. Je länger sich die Forschung mit ihnen beschäftigt, desto stärker unterscheiden sich die Gewohnheiten der Vögel voneinander: umso mehr, als die Umstände darauf Einfluss nehmen, die Vögel voneinander abweichende Lebenswege haben und diese Lebenswege nicht nur neue Gewohnheiten begünstigen, sondern manchmal auch von den Vorfahren verinnerlichte Gepflogenheiten übernehmen. Folglich zeugt die Entscheidung für ein Territorium nicht zwingend von einer optimalen Anpassung an bekannte Situationen. Die Kohlmeisen zum Beispiel lebten zunächst in den Primärwäldern der nordischen Länder und standen aufgrund zahlreicher Räuber unter erheblichem Selektionsdruck. Im Zuge der Waldfragmentierung sind ihre Räuber inzwischen praktisch ganz verschwunden, während das Aufstellen von Nistkästen die Meisenpopulation beträchtlich erhöht hat. Dennoch deutet nichts darauf hin, dass die Meisen ihr Revier nach bestimmten Kriterien – etwa den Nahrungsressourcen – auswählen. Ebenso gut könnte man annehmen, dass sie sich dabei von ihrer Intuition hinsichtlich möglicher Räuber leiten lassen.

Robert Hinde war bekanntlich zu dem Schluss gelangt, dass sich einem gegebenen Territorium nicht mit Sicherheit eine bestimmte Funktion zuordnen lasse. Ja, man habe nur dann eine Chance, die Rolle des Reviers für die betreffenden Vögel zu verstehen, wenn man ihre Lebensgeschichte eingehend studiere. Die amerikanische Verhaltensforscherin Judy Stamps[22] weist darauf hin, dass diese in der Tat überzeugenden Schlussfolgerungen sowohl Wissenschaftler als auch Theoretiker vom Versuch, eine globale Theorie zu den Funktionen des Territoriums zu entwickeln, abgebracht hätten. Und das ist auch gut so, möchte ich hinzusetzen – aber ganz stimmt das nicht.

Kontrapunkt

Und zwar aus zwei Gründen. Vielleicht mag es für die Zeit vom frühen 20. Jahrhundert bis Ende der 1950er Jahre teilweise zutreffen (mit Betonung auf »teilweise«, wie im folgenden Kapitel zu sehen sein wird), in den 1960er Jahren jedoch trat eine entscheidende Wende ein. Mithilfe der ökonomischen Theorien gelang es den Forschern endlich, allgemeinverbindliche Thesen aufzustellen. Sie wandten diese Theorien auf verschiedene Probleme an, was ihnen erlaubte, die Kosten und Nutzen der möglichen Verhaltensstrategien zu berechnen und sie in mathematischen Modellen zu systematisieren. Diese vermehrten sich immer schneller, und das Territorialverhalten wurde zu einem bevorzugten Forschungsgegenstand. Mit dem Innehaben und der Verteidigung eines Reviers sind Kosten verbunden: Für die Überwachung und Sicherung der Grenzen, für das Zurschaustellen und das Warnverhalten sowie für das Aggressionsverhalten und die Risiken, die eingegangen werden, um Rivalen zu verdrängen, muss Energie aufgewendet werden. Der Nutzen wiederum bemisst sich an den Zugriffsmöglichkeiten auf die begrenzten Ressourcen, zu denen auch die Weibchen zählen. Indem den Nutzen Funktionen (Ernährung, Fortpflanzung,

Regulierung der Populationsdichte) zugeschrieben und diese zu dem geschätzten Kostenaufwand in Bezug gesetzt werden, können solche Modelle »in evolutionsgeschichtlicher Hinsicht stabile Strategien« ausbilden und Geschichten mathematisieren: Plötzlich scheint es glücklicherweise selbst in diesem Bereich Regeln und Gesetze zu geben. Endlich werden wir die unverbesserliche Diversität los, all die undisziplinierten individuellen Leben und unterschiedlichen Bedingungen, die der Einheitlichkeit unserer Tabellen im Weg stehen – das leidige Faible aller Lebewesen für Veränderungen und Abweichungen. Endlich ist ein Universalkonverter, nämlich die Wirtschaft, gefunden: Endlich wird man die Territorien theoretisch vereinheitlichen können.

Doch all das hat, um die Sprache eben jener Ökonomie aufzugreifen, einen Preis. Der erste mag relativ nebensächlich erscheinen: Die Lektüre wissenschaftlicher Beiträge wird zu einer wahren Qual – Zahlen, Gleichungen und Graphen. Die Tiere kommen meist erst am Ende der Artikel vor. Nachdem Gleichungen und Modelle die vernünftigen Entscheidungen vorgegeben haben, werden die betreffenden Tiere herangezogen, um zu beweisen, dass sie tatsächlich genauso zusammenleben. Natürlich bin ich eher eine Freundin von Geschichten als von Zahlen und nur wenig empfänglich für die Ästhetik der Graphen, für farbige Tortendiagramme und die Choreografie der Kurven, die Kosten und Nutzen abbilden. Das alles sagt mir nichts. Aber es sagt gleichzeitig etwas anderes, und vor allem sagt es vieles andere *nicht*. Denn der zu zahlende Preis ist nicht nur eine Frage des Geschmacks, sondern auch eine Form der Nachlässigkeit. »Schuld an dieser Tragödie«, schreibt Bruno Latour,

> ist der seit kurzem grassierende Glaube, das Interesse des Individuums – ob Staat, Tier oder Mensch – ließe sich nur auf eine einzige Weise berechnen: indem man es auf einem Territorium positioniert, das nur ihm gehört und über das es souverän herrscht, und indem man alles ›nach außen‹ verweist, was nicht in Rechnung gestellt werden darf. Der Terminus technicus ›Externalisierung‹ – ein exaktes Synonym für kalkulierte Nachlässigkeit und folglich für eine unreligiöse Einstellung – unterstreicht die Neuartigkeit und Künstlichkeit dieses Berechnungstypus zusätzlich.[1]

Diese ökonomischen Modelle, die eine Gesetzmäßigkeit der territorialen Organisation sichtbar machen wollen, basieren auf einer kalkulierten Nachlässigkeit, weil sie sich hauptsächlich auf die Nahrungsfrage konzentrieren. Wie Judy Stamps bemerkt, wurden so zum Beispiel die durch Räuber verursachten Risiken bei den Berechnungen ausgeblendet, ebenso die Rolle der Eindringlinge und zahlreiche andere, möglicherweise mitbestimmende Faktoren. In den Artikeln wie in der Vorstellungswelt der Forscher schrumpfen die potenziellen Faktoren, darunter auch die sozialen Umstände, die sich auf das Verhalten der Tiere auswirken können, beträchtlich zusammen. Mit den ökonomischen Theorien verschiebt sich der Fokus auf die Rivalität zwischen den Artgenossen. Nachbarn, Wandervögel, Eindringlinge –

sie alle gehen als Kostenfaktoren der territorialen Verteidigung in die Gleichung ein. Dabei muss man betonen, dass die Beobachtungsmethoden diesen Denkansatz stark beeinflusst haben: Aggressive Verhaltensweisen sind auffälliger und sichtbarer, außerdem sind sie messbar, was nicht oder nur bedingt auf den sozialen Nutzen zutrifft, von dem die jeweiligen Revierbesitzer profitieren – manchmal aktiv, manchmal allein aufgrund ihrer Anwesenheit. Es ist natürlich einfacher, die Konflikte zu zählen, in die ein Vogel verwickelt ist, als einzuschätzen, wie sich die Anwesenheit der Nachbarn auf die Fähigkeit desselben Vogels auswirkt, einen bedrohlichen Eindringling zu erkennen oder zu verscheuchen. Dazu kommt, dass viele dieser Forschungen im Labor durchgeführt wurden (insbesondere an Fischen, aber zum Teil auch an Vögeln), also in beengten Räumen, wo das Tier oft nur aggressiv auf eine ihm unbegreifliche Situation reagieren kann. Das Konkurrenzverhalten setzt sich umso mehr als Denkfigur durch, als sich das Revier über die Qualität der Nahrungsressourcen definiert. Damit steht die Berechnung praktisch schon im Voraus fest: Sobald die Populationsdichte steigt, verringern sich die Futtermengen, also können die Tiere nur Konkurrenten sein.[2] Und so sollte eine Beobachtung von der Bildfläche verschwinden, die angesichts der scheinbar bewusst von den Territorien bewirkten Abstände schon früh manche Forscher ratlos gemacht hatte: die Tatsache, dass Territorialtiere paradoxerweise die Anwesenheit anderer Tiere suchen, ja, dass ihnen dies möglicherweise gerade mithilfe des Territoriums gelingt. Dazu später noch mehr.

Kapitel 3

Überpopulation

*Das Wesen der Territorialität besteht darin,
die Anzahl der Gewinner zu regulieren und
die Population zu unterteilen in »die, die haben«
und »die, die nicht haben«.*
Vero Copner Wynne-Edwards[1]

Nicht nur die ökonomischen Theorien haben versucht, ein wenig Ordnung in diese undisziplinierten Gepflogenheiten zu bringen. Bereits vor ihnen gab es eine Theorie, die sich unverhohlen zum Ziel gesetzt hatte, die eigentliche Funktion des Territoriums jenseits aller anderen ihm zugeordneten Aufgaben zu ergründen. Oder, um es überspitzt zu formulieren: Sie wollte schlicht das letzte Wort haben.

Die Theorie von der Populationsregulierung tauchte schon früh auf, allerdings ohne ihren späteren totalitären Anspruch. Charles Moffat äußerte sie als Erster. Seiner Meinung nach splittet das Territorium den gegebenen Raum in einzelne Parzellen, sodass er irgendwann vollständig zwischen den Vögeln aufgeteilt ist: »Sobald dieser glückliche Zustand erreicht ist, bleibt die Anzahl der Brutpaare von Jahr zu Jahr gleich, ebenso die der Nester und der Vogeljungen: Egal wie hoch die Wintersterblichkeit ist, ist die Zahl der Vögel im Land konstant.«[2] Die Darwin'sche Idee eines tragischen Existenzkampfes, die eine relative Stabilität der Populationen nachweisen könnte, würde tatsächlich – Moffat hat diesbezügliche Berechnungen angestellt – eine Sterblichkeit von 90 % bei den Jungvögeln voraussetzen, bevor sie fortpflanzungsfähig sind. So denkbar eine solche Sterblichkeit bei kannibalistischen Fischen und großen Multiplikatoren wie Insekten vielleicht sein mag, so wenig plausibel ist sie bei Vögeln. Moffat hat über Jahre hinweg eine Schwalbenkolonie erfasst. Er beobachtete, dass die Anzahl der Rückkehrer im Frühjahr praktisch der Zahl derer entspricht, die im Herbst abgewandert sind: Die berühmten Gefahren der Migration seien höchstens sporadisch. Es könne zwar gelegentlich einen zerstörerischen Orkan oder einen harten Winter geben, doch diese Ereignisse kämen nicht so häufig vor, als dass sie die geometrische Wachstumskurve der Vögel einschränken würden. Demnach wären also andere limitierende Prozesse wirksam, und auch wenn wir über diese nur wenig wissen, schreibt Moffat, behaupte er, »dass wir nicht dem ungeprüften Glauben anhängen dürfen, dass sie zwangsläufig immer auch *töten*«.[3] Darwin hat das Konzept des *struggle for life* zwar stark relativiert, indem er es als eine Metapher bezeichnet hat. Dabei bedachte er allerdings nicht, dass das geometrische Wachstum der Tiere dadurch gebremst wird, dass viele »wie Junggesellen oder alleinstehende Frauen leben«. Lange ist man davon ausgegangen, dass die Vögel sich um die Weibchen streiten – doch warum sollten sie das tun, wenn sie sich immer sicher sein können, eines zu finden, da es ebenso viele Weibchen wie Männchen gibt und offenbar, wie von Moffat behauptet, alle gleich gut geeignet sind? Der Fall ist jedoch völlig anders gelagert, wenn der Kampf darauf abzielt, dass »der Verlierer darin gehindert wird, in der Nachbarschaft eine Familie zu gründen«. »Die Vögel können gegebenenfalls merken, wie wichtig es ist, ihre zukünftige Familie vor einer Überpopulation zu schützen«, aber »da die Erde eine begrenzte Ressource ist, müssen die Männchen im Frühling die anderen bekämpfen, um diese Frage zu klären.« Nach jedem dieser Kämpfe wird der Verlierer vertrieben, seine Paarungsabsichten sind durchkreuzt: »Nicht, weil er keine Partnerin findet, sondern weil er ihr kein Zuhause bieten kann.« Hier möchte ich anmerken, dass man aus Moffats Äußerungen eine Form der »Indifferenz« herauslesen kann, die für die Regulierungstheorie charakteristisch werden sollte – ein Modell, das aufgrund seiner verallgemeinernden Prämissen auf alle Situationen anwendbar ist: die vermeintliche Tatsache etwa, dass die Weibchen in den Augen der Männchen »alle gleich« sind, oder aber die Vorstellung, dass es genauso viele Männchen wie Weibchen gibt, was nur theoretisch stimmt und oft von den Tatsachen widerlegt wird, da sich die Sterblichkeit unterschiedlich auf die Geschlechter auswirkt. Und auch wenn die Erde per se eine begrenzte Ressource sein mag, so ist sie es nicht überall.

Henry Eliot Howard sollte einen ähnlichen, wenn auch etwas fantasieloseren Ansatz vertreten. Er erlebte seinen eigentlichen Aufschwung mit der von Konrad Lorenz in seinem Buch *Das sogenannte Böse. Zur Naturgeschichte der Aggression* aufgestellten These.[4] Lorenz geht von einer bereits im Titel anklingenden Frage aus: Wozu kann das Böse der Aggression gut sein? Während die Aggression in den Beziehungen zwischen Räubern und Beute eine einleuchtende Rolle spielt, darf man sich doch fragen, welche Funktion sie für die intraspezifischen Beziehungen hat. Nach Lorenz dient sie erst einmal dazu, die Individuen im Raum zu verteilen, um die Ressourcen zu schonen. Wenn mehrere Ärzte und Bäcker in einer Region ihr Auskommen haben wollen, tun sie gut daran, sich möglichst weit entfernt voneinander niederzulassen. Genauso verhält es sich mit den Tieren auf einem gegebenen Raum: Es ist sinnvoll, dass sie sich so gleichmäßig wie möglich über den verfügbaren Lebensraum verteilen. Der Gefahr, dass auf einem Teil dieses Biotops die Populationsdichte einer einzigen Tierart für das Aufbrauchen aller Futtervorräte verantwortlich ist, wirkt das Aggressionsverhalten entgegen. Damit spielt die Aggression nach Lorenz' Hypothese eine entscheidende Rolle für die Regulierung der Entfernungen und die Verteilung der Individuen im Raum. Diese Verteilung wiederum mündet in die Territorialität[5]. Natürlich steht die Aggression im Vordergrund, aber, so betont Lorenz, eine Reihe anderer Mechanismen kanalisiert und »zivilisiert« sie: vor allem die Zurschaustellungen und Rituale, das Drohverhalten, das die Konflikte hinauszögert oder ersetzt, sowie die Möglichkeiten, die Aggressivität in andere Verhaltensweisen zu überführen, sie umzuleiten oder einzudämmen.

Diese Theorie fand, wahrscheinlich aus mehrerlei Gründen, großen Anklang. Angesichts der bedauernswerten Vielfalt der Motive mag ihr Vereinheitlichungspotenzial dabei von zentraler Bedeutung sein. Und sie hat einen weiteren Vorteil, der den Forschern nicht entgangen ist: Sie lässt sich leicht experimentell überprüfen. Wenn man zum Beispiel zeigen kann, dass, sobald man die Männchen aus ihrem Revier nimmt, sofort andere Männchen nachrücken, um sich ihrerseits dem Überleben der Art zu widmen, hat man den Beweis, dass viele alleinlebende Vögel von der Fortpflanzung ausgeschlossen sind, »um die Ressourcen zu erhalten« und für den Fall extremer Bedingungen und einer hohen Sterblichkeit die entsprechenden Vorräte anzulegen. Diese Tatsache passt im Übrigen zu der unausrottbaren Vorstellung, dass die Stärksten von der Auslese begünstigt würden, da nur sie ihre Gene vererben dürften. Nicht zuletzt entspricht sie auch einer wettbewerbsorientierten Idee in einer Welt der beschränkten Ressourcen. Doch beschränkt inwiefern? Und wo? Bereits der russische Naturforscher Pjotr Alexejewitsch Kropotkin hatte Ende des 19. Jahrhunderts gezeigt, dass beschränkte Ressourcen und Überpopulation in der Natur keine universellen Probleme sind und sich nur unter bestimmten Umständen als hinderlich erweisen.[6] Trotz der zahllosen Fälle, in denen die Dinge anders liegen und die Evolution mit unerwarteten Tricks aufwartet oder sich in vieles erst gar nicht einmischt, hält sich die Vorstellung des Reviers als Garant gegen die Überpopulation hartnäckig, und das, obwohl sie faktisch bereits hinreichend widerlegt worden ist.

Vögel mögen vielleicht *punktuell*, nicht aber *generell* eine Überpopulation vermeiden. Niederländische Wissenschaftler haben über Jahre hinweg die Populationsdichte verschiedener Meisenarten in ihrem Land beobachtet.[7] Zum einen stellen sie fest, dass die Anzahl der Tiere an den betreffenden Orten von Jahr zu Jahr gleich bleibt, während es überschüssige Nistplätze gibt und die Futtervorräte variieren. Sobald sich eine bestimmte Anzahl von Vögeln niedergelassen hat, suchen die Neuankömmlinge nach einer anderen Bleibe, an einem qualitativ minderwertigen, aber dünner besiedelten Ort. David Lack beobachtete Kohlmeisen. Er konstatiert eine nur geringe Neststerblichkeit, die vor allem dann vorkomme, wenn es, oft bei der zweiten Brut, an Futtervorräten – hier an Raupen – mangele: Die Jungen haben Hunger und locken mit ihrem Geschrei Räuber an. Lacks Berechnungen sind einfach. Vorausgesetzt, dass ein Paar pro Jahr 12 bis 13 Eier legt, müsste die Population um 600 % wachsen – doch eine solche Zunahme lässt sich langfristig nicht beobachten. Außerdem werden die Grenzen der Populationsdichte oft überschritten. Lack folgert entsprechend, dass das Territorium die Population nicht reguliert. Deren Dichte hängt vielmehr von den Futtervorräten ab, die sich erst dann auszuwirken beginnen, wenn die Jungen flügge werden. Die Sterblichkeit aufgrund des Futtermangels ist also *nur in diesem Moment* und nicht im Allgemeinen ein ausschlaggebender Faktor.

Zahlreiche Forscher haben sich auch deshalb gegen die Vorstellung einer Überpopulation gewandt, weil sie eine wichtige Beobachtung außer Acht lässt: Zweifelsohne bauen die Vögel ihr Revier auf. Warum aber dehnen sie es dann nicht aus? Darauf werden manche antworten, dass die attraktivsten Orte auch die meisten

Vögel anlocken. Doch das scheint nicht immer zuzutreffen, und die Vögel könnten andere Gründe haben. Indem man sich auf das Problem der Überpopulation fokussiert, vergisst man, so Warder Clyde Allee und seine (ökologischen) Kollegen in Chicago, dass eine Unterpopulation für manche Tiere nicht minder problematisch ist. Es ist wohl kein Zufall, dass Allee für diesen Aspekt besonders empfänglich war: Seine Arbeit konzentriert sich von jeher auf die Art und Weise, in der sich die Leben der Tiere in »ökologischen Verbunden«, die er auch »Lebensgemeinschaften« nennt, gegenseitig bedingen. Es handle sich dabei um Verbunde, in denen alle Organismen eine entscheidende Rolle als Daseinsbedingung für die anderen spielen, was Allee als »Facilitation« oder »Protokooperation« bezeichnet. Sämtliche Lebewesen einer Gemeinschaft, ob tot oder lebendig – angefangen bei den Bakterien, die atmende Lebewesen erst ermöglichen oder die Fruchtbarkeit des Bodens erneuern, bis hin zum »Regen toter Organismen, die von der Oberfläche des Ozeans fallen und so die Entwicklung des Lebens in den weiten, dunklen Tiefen des Meeres erlauben« – knüpfen »Verbindungen«.[8] Allee übernimmt übrigens von Darwin den Begriff »Lebensnetz« sowie das Beispiel, mit dem dieser die völlig unerwartete Bedeutung eines Lebewesens für ein anderes in einer Abfolge gegenseitiger Abhängigkeiten illustriert hatte. Darwin konstatiert einen Zusammenhang zwischen der Anzahl der Katzen und dem roten Klee in einer englischen Gemeinschaft. In dieser Gemeinschaft jagen die Katzen Feldmäuse. Diese wiederum haben es auf eine bestimmte Art von Hummeln abgesehen, die in unterirdischen Nestern leben. Die Hummeln bestäuben den Klee. Es gibt also mehr Klee, desto mehr Hummeln dort leben, und entsprechend mehr Hummeln, wenn die Katzen die Gewohnheiten der Feldmäuse durchkreuzen. Man könnte diese Gemeinschaft natürlich noch erweitern, sich alleinstehende alte Katzenliebhaberinnen vorstellen, und davon ausgehend ein ganzes Netz aus Geschichten knüpfen, indem man ihre Anzahl zum differentiellen Überleben der Menschen in Bezug setzt – und immer so weiter. Allee nimmt davon Abstand, nicht etwa, weil er menschliche und nicht-menschliche Gemeinschaften voneinander getrennt betrachten möchte, sondern weil er über *diese bestimmte* Gemeinschaft nicht mehr sagen kann als das, was Darwin bereits vorgeschlagen hat; weil er sich nicht zu Verallgemeinerungen hinreißen lassen will, indem er kurzerhand von einer tatsächlichen zu einer vorbildhaften imaginären Gemeinschaft springt. Ich wiederhole: Allee tut sich keineswegs schwer damit, menschliche wie nicht-menschliche Gemeinschaften und interspezifische Verbände zusammenzudenken, doch er versucht, immer von einem *konkreten Beispiel* auszugehen und zu begreifen, was für einen bestimmten Lebensverbund, nicht aber für alle gilt. So findet man nach seinen Beschreibungen von Bienen, Wachteln oder Huftieren ein überraschendes Beispiel: Allee hat die Mitglieder des Zentralkomitees der Amischen befragt, einer Abspaltung der mennonitischen Gemeinschaft in Nordamerika.[9] In den ersten Jahrzehnten, als das Reisen noch schwierig und die Kommunikation mit den anderen Kolonien stark eingeschränkt war, brauchten die Amischen für eine lebensfähige Zukunft mindestens fünfzig Familien. Diese Anzahl ermöglichte ihnen eine relative Unabhängigkeit, weil damit die grundlegenden Gemeinschaftsdienste garantiert waren – Schuh- oder Lebensmittelläden, Friseursalons, autarke Betreuung von Schule und Kirche. Ehen können innerhalb der Gemeinschaft geschlossen werden. Unter extrem günstigen Bedingungen für die Pioniere konnten notfalls auch vierzig Familien die Gemeinschaft aufrechterhalten. Unterhalb dieser Schwelle aber wurde sie anfällig. Die Eheschließungen waren entweder endogam oder mussten außerhalb der Gemeinschaft stattfinden, wobei sich die Kontakte mit der Außenwelt bei schwindenden Bevölkerungszahlen als umso störender erwiesen. Dennoch gibt es auch eine Obergrenze. Jenseits einer bestimmten Zahl funktionieren das Organisationssystem der Kongregation und das Laienpriestertum nicht mehr, und Rivalitäten innerhalb der Kolonie können sich destruktiver auswirken. Unter den aktuellen Bedingungen (Allee schreibt in den 1940er Jahren) sichern die Reise- und Kommunikationsmöglichkeiten zwanzig bis fünfundzwanzig Familien das Überleben, solange sie enge Kontakte zu anderen unterhalten können. Unterhalb dieser Grenze sind die Gemeinschaften gefährdet.

Die Amischen werden hier nicht als Lösung für ein generelles Problem herangezogen, sondern um zu zeigen, dass jede Gemeinschaft ihre spezifischen Probleme mit der Anzahl ihrer Mitglieder und der gegenseitigen Abhängigkeit hat. Allee befragt sie, weil sie bereits über diese Schwierigkeiten nachgedacht haben und ziemlich genau wissen, was für sie wichtig ist und welche Bedingungen sie benötigen. Es handelt sich also nicht um eine sämtliche Unterschiede zunichtemachende »Allzweck-Analogie« oder darum, eine Formel oder Gleichung zu finden, die sich für jeden beliebigen Transfer eignet. Vielmehr geht es um die Feststellung, dass unterschiedliche Gruppen, die zu einem bestimmten Zeitpunkt ihrer Geschichte in einem festen Verbund leben, mit dem gleichen Problem konfrontiert werden: Wie viele müssen wir sein, um wir selbst zu bleiben? Wie viele müssen wir sein, damit das, was uns wichtig ist, fortbestehen kann? Diese Fragen finden jeweils eine örtlich und zeitlich gebundene Antwort. Vorausgesetzt, dass die Unterpopulation mindestens so problematisch ist wie die Überpopulation, ist es nach Allee verständlich, dass manche Arten nicht zu retten sind, sobald sie eine Untergrenze erreicht haben. Das wissen im Übrigen alle, die sich um die Beseitigung sogenannter Schadinsekten kümmern: Es ist gar nicht nötig, sie restlos auszurotten, weil sie unterhalb einer bestimmten Schwelle ohnehin eines natürlichen Todes sterben. Genau das ist jener besonders zahlreichen und ausbreitungswilligen Vogelart passiert, deren Anfälligkeit nur schwer vorstellbar schien: den Wandertauben. Für manche Vögel gibt es eine Schwelle, unterhalb derer sie sich nicht mehr fortpflanzen. Bei vielen Vögeln wirkt sich die Anwesenheit der anderen positiv aus, sie kann die Fortpflanzungsfunktionen stimulieren und die Vögel sogar synchronisieren. Allee erklärt weiter, dass die Unterpopulation bei besonders exponierten Tieren eher harmlose Auswirkungen habe, bei der Bisamratte aber zum Beispiel nur wenige Tiere im Raum verstreut lebten und die Weibchen mit ihrer extrem kurzen Empfängnisperiode keine Chance hätten, rechtzeitig einem Männchen zu begegnen. Bei anderen Tieren wiederum ist die Toleranzschwelle flexibler. Soll nicht ein einziges Wanderrattenpärchen die dänische Insel Deget besiedelt haben, reicht nicht ein Biberpärchen, um eine ganze Kolonie zu gründen? Es gilt hier wie gesagt nicht, wahllos von einer Gemeinschaft auf eine andere zu schließen, sondern lediglich anzumerken, dass manche Probleme identisch und manche Lösungen vergleichbar, wenn auch jeweils anders gelagert sind.

Allees Modell, dem zufolge sich das Leben der Gemeinschaft mit einer Kurve der jeweils praktikablen Populationsschwellen abbilden lässt, hat keine engagierten Nachfolger gefunden. Judy Stamps führt einen einfachen Grund dafür an: Die Forscher, die überprüfen wollten, wie diese Kurve für die von ihnen beobachteten Populationen aussah, stellten fest, dass oft bereits winzige Veränderungen der Populationsdichte entscheidende und sehr unterschiedliche Auswirkungen auf die Verteilung der Tiere innerhalb des Habitats hatten. Damit wurde Allees Modell aufgegeben, und zwar nicht, wie Judy Stamps betont, weil es unrealistisch war, sondern weil die Forscher es nicht richtig anzuwenden wussten.[10] Anders gesagt, hatten sich die Wissenschaftler von dem Modell versprochen, dass es ihnen das Leben erleichtern würde: Stattdessen hat es die Dinge erheblich verkompliziert. Dabei sprächen Judy Stamps zufolge viele Gründe für Allees Hypothese, vorausgesetzt, dass man sich von bestimmten

Stereotypen, insbesondere hinsichtlich der Ressourcen, freimache – etwa in Bezug auf die Weibchen, die von den Forschern oft als Ressourcen für die Männchen betrachtet werden. Dabei haben auch sie ein Wörtchen mitzureden und wählen aktiv ihre Habitate, Reviere und Männchen aus. Wenn man diese Tatsachen ernsthaft berücksichtigt, nimmt der Erfolg der Männchen nicht zwingend mit ihrer Populationsdichte an einem gegebenen Ort ab, es müsste sogar vielmehr das Gegenteil eintreten: Die Anwesenheit zahlreicher Männchen könnte die Weibchen noch stärker anziehen und einen Erfolgsfaktor darstellen – das wäre einer der Gründe, aus denen manche Vögel (und Huftiere) sich Balzarenen als Territorien aussuchen, die immer auffällig nah beieinander liegen.

Vermutlich deuten diese letzten Elemente auf das hin, was bei der Theorie der Populationsregulierung vernachlässigt worden ist: auf die Tatsache nämlich, dass in den Territorien eine gesellschaftliche Aktivität stattfindet, die sich in ihrer Komplexität mit derlei Modellen nicht erfassen lässt und bei der die Kunst der Distanz gleichfalls eine Kunst der Komposition sein könnte, wie wir später noch sehen werden. Diese Nachlässigkeit lässt hartnäckige Denkgewohnheiten erkennen, die sich prägend auf unsere Auffassung vom Territorium auswirken: die sonderbare Vorstellung, dass die Reviere den Raum verteilen zwischen »denen, die haben« und »denen, die nicht haben«, wobei insgeheim und manchmal entgegen der erklärten Absichten Territorium und Besitz verknüpft werden. Und nicht zuletzt eine latente Faszination für die Aggression – auch wenn man der Evolution zugestehen muss, sie kanalisiert zu haben –, verbunden mit der fast überall präsenten Idee, dass das Territorium die stärksten Individuen begünstige und auf diese Weise die Übertragung der besten Gene gewährleiste.

Kontrapunkt

> *Unsere Art hat »ihr« Milieu vielleicht*
> *umso nachhaltiger zerstört, weil es eben nicht ihres war.*
> Fabienne Raphoz, Parce que l'oiseau[1]

Von allen Theorien über den Nutzen des Territoriums ist die Regulierungstheorie, in der sich Biologie, Politik und Moral immer wieder verbünden, wohl am stärksten überfrachtet. Meinem Empfinden nach rührt sie eng an die Auffassung des Territoriums als Besitz. Damit geht wohl auch ihr Anspruch als allgemeinverbindliche Theorie für eine auf sämtliche Arten zutreffende Organisation einher. Und vermutlich ist sie mit zu vielen Vorannahmen belastet. Sicher ist es kein Zufall, dass diese Theorie zu den rohesten, gewalttätigsten Methoden Anlass gegeben hat, die mir bei meinen Forschungen zum Territorium begegnet sind: solche, die einzuschätzen versuchen, was passieren würde, wenn die Vögel nicht da wären – und sie kurzerhand töten.

Derlei Methoden wurden natürlich auch schon zur Überprüfung anderer Hypothesen angewandt. Im Jahr 1802 etwa schrieb der englische Naturforscher George

Montagu, um nur ein Beispiel aus der Frühgeschichte der Vögel zu zitieren, dass die Männchen sängen, um für die Weibchen sichtbar zu sein. Sobald sie sich gepaart hätten, werde der Gesang weniger. Doch dieser Beweis reicht nicht aus: Wenn man einem Rotkehlchen das Weibchen wegnimmt, beginnt es erneut zu singen.[2] Der Ornithologe Rudolf Zimmermann tötet 1932 einige paarweise zusammenlebende Echte Würger, drei Männchen und vier Weibchen, um zu sehen, wie rasch die verschwundenen Partner wieder ersetzt werden. Derlei Fälle sollten sich mit der Theorie der Populationsregulierung häufen.

Wenn es der Regulierungstheorie zufolge zahlreiche Vögel gibt, die sich aufgrund eines fehlenden Reviers noch nicht gepaart haben, muss es dementsprechend eine große Anzahl an alleinlebenden Männchen geben, die darauf warten, sich ansiedeln zu können. 1949 studierten die Ornithologen Robert Stewart und John Aldrich die Vögel in den Wäldern des nordamerikanischen Bundesstaates Maine.[3] Parallel zu einem anderen Forschungsziel konnten sie eine beträchtliche Menge an Informationen zur Populationsdynamik der Vögel in einem Wald in der Nähe des Cross Lake im Norden des Bundesstaates zusammentragen. Das andere Forschungsziel, auf das sie anspielen, betrifft die effektive Kontrolle der Vögel über eine Raupenart aus der Familie der Wickler, die sich von Tannentrieben ernährt und selbst wiederum von den Vögeln gefressen wird. Die Wissenschaftler verschweigen allerdings eine Tatsache, die ich anderweitig herausfinde: Ihre Forschung wurde von der Industrie beauftragt und gesponsert, die die Holzproduktion in den Wäldern des nördlichen Maine dominiert.[4] Das von Stewart und Aldrich verfolgte Projekt sah die Tötung *aller* Vögel während der Paarungszeit innerhalb der sogenannten »experimentellen« Zone vor, während eine andere, in etwa gleich große »Kontrollzone« unberührt bleiben sollte. Das Massaker nahm apokalyptische Ausmaße an: Sobald ein Männchen getötet worden war, fand sich in dem betreffenden Gebiet ein neues ein. Quer durch alle Arten kam dabei mehr als das Doppelte der bei der ersten Erhebung gezählten Männchen zu Tode. Ich spreche hier nur von den Männchen, nicht etwa, weil die Verfasser die Weibchen hätten verschonen wollen, sondern weil sie deutlich zurückgezogener lebten und daher – mit Ausnahme derer, die gerade am Brüten und daher leicht zu finden waren – größtenteils der Jagd entkommen konnten. Außerdem gehen Aldrich und Stewart davon aus, dass sie das Revier nach dem Tod des Männchens verlassen hätten. Der Rhythmus, in dem die Männchen ersetzt wurden, erlaubte den Forschern, den möglichen Überschuss, also die voraussichtliche Zahl der auf ein Revier wartenden Vögel einzuschätzen. Die Theorie von der Rolle des Territoriums für die Populationsregulierung fand damit also eine empirische Bestätigung.

Im darauffolgenden Jahr sollte ein anderes Forscherteam vom Institut für Naturerhaltung der Cornell University an denselben Orten exakt das gleiche Verfahren praktizieren.[5] Diesmal wurden noch mehr Männchen getötet, weil die Verschwundenen schneller ersetzt wurden. Da diese Operation mitten in der Legezeit in einem außergewöhnlich milden Monat Mai durchgeführt wurde, fielen auch zahlreiche Weibchen dem Forschungsvorhaben zum Opfer. Diese Experimente bestätigten Moffats erste Hypothesen, insbesondere die, der zufolge zahlreiche überschüssige Männchen warten, bis ein Revier frei wird, um sich in das Abenteuer der Fortpflanzung zu stürzen. Moffat hatte ferner behauptet, dass alle diese Männchen ohne Territorium eine »Pufferrolle« im Falle einer außergewöhnlich hohen Sterblichkeit spielten, indem sie einen Vorrat bildeten, der das Überleben der Art sichere. Doch, so wenden die Autoren ein, unter wiederholt auftretenden katastrophalen Umständen könne man nicht wissen, ob dieser Effekt nach wie vor greife und der Vorrat tatsächlich ausreichend sei. Ja, folgern sie, und dabei läuft es einem kalt über den Rücken, allein eine Langzeitstudie könne diese Möglichkeit richtig einzuschätzen helfen.

Ein paar Jahre später sollte der amerikanische Ornithologe Gordon Orians den Rotflügelstärlingen und den Dreifarbenstärlingen eine ähnliche Behandlung zumuten, um abermals die Theorie zu erhärten, der zufolge das Territorium die Populationsdichte reguliere.[6] Er tötet die männlichen Bewohner, um zu überprüfen, wie schnell ihr Revier erneut besetzt wird. Die schottischen Ornithologen Adam Watson und Robert Moss untersuchen Anfang der 1970er Jahre Schottische Moorschneehühner unter den gleichen Gesichtspunkten. Von der Beobachtung ausgehend, dass in manchen Jahren die Population ausgesprochen dicht ist und die Territorien deutlich kleiner sind, fragen sie sich, weshalb die Moorschneehühner an bestimmten Orten gehäuft auftreten und an anderen gar nicht. Sie düngen sogar den Boden, um den Einfluss der Futterqualität auf die Fortpflanzung zu untersuchen, injizieren den Männchen Testosteron, um die Auswirkungen der Aggression auf die Größe der Territorien zu evaluieren, und töten einige von ihnen, um zu sehen, wie schnell sie ersetzt werden.[7]

Mit einer allgemeinverbindlichen Theorie eines überall wirksamen optimalen Gleichgewichts ist man weit entfernt von jenen Ansätzen, die ein Verblühen der fragilen, lokalen Lebenswelten beschreiben und sensible Justierungen und Inbezugsetzungen verlangen; weit entfernt von den Improvisationen und riskanten Experimenten, die letztendlich das bestätigen, was die auf Paviane spezialisierte amerikanische Primatenforscherin Shirley Strum so schön als Toleranz der natürlichen Auslese für Experimente und Ausrutscher bezeichnet. Vor allem aber von den Aufmerksamkeitsformen, mit denen manche Wissenschaftler sich auf den Gegenstand ihrer Beobachtung konzentrieren, um zu verstehen, was »ihren« Vögeln wirklich wichtig ist. Dazu zählt zum Beispiel die Beringungsmethode, mit der sich Vögel nachverfolgen und wiedererkennen lassen und die Margaret Nice zufolge keineswegs störend für sie sei. Es sind Methoden der Bindung – denn bedeutet das Beringen eines Vogels nicht, eine Verbindung mit ihm einzugehen? Eine asymmetrische Verbindung allerdings, da der Vogel keinerlei Erwartungen hat. Vielmehr ist es die Forscherin, die sich durch die Beringung gebunden fühlt. Ähnlich wie der bereits erwähnte Jared Verner, den das glücklose Sumpfzaunkönig-Männchen 25 berührte und der dessen Nest festband, damit es nicht herunterfiel.

Natürlich kann ich nicht bescheinigen, dass die jenen Methoden zugrunde liegenden Regulierungstheorien sie inspiriert oder erleichtert hätten. Ja, man könnte mir entgegnen, dass solche Methoden zur damaligen Zeit gang und gäbe waren. Zweifelsohne haben zahlreiche Experimente, die herausfinden wollten, wie wichtig die Anwesenheit eines anderen Lebewesens ist, keine bessere Lösung gefunden, als sie durch dessen Abwesenheit zu ersetzen: In der wissenschaftlichen Literatur wird dafür der Euphemismus »Vogelsammlungen« gebraucht. Man könnte mir ebenfalls entgegnen, dass die Anklage, die ich gegen diese Forscher erhebe, typisch für unsere Zeit sei, die nicht mehr ausblenden kann, dass es ebenso gut schon keine Vögel mehr geben könnte. Doch hierbei geht es nicht nur um die Frage des Aussterbens. Das Leben in einer beschädigten Welt hat unsere Affekte verändert, und mit eben jenen Affekten – Baptiste Morizot spricht sehr treffend von der »Solatologie«, dem Gefühl, den Trost einer vertrauten Welt verloren zu haben, das uns auf alle Formen des Verlusts aufmerksam macht – blicke ich auf diese Situationen zurück.[8] Ihretwegen denke ich, manchmal vielleicht zu Unrecht, an all die zerstörten Leben (was beim Aussterben einer Art generell verschleiert, durch diese Geschichte aber konkret greifbar wird[9]), an die Angst und das Entsetzen dieser Vögel, deren Lebensumfeld plötzlich obsolet wird: verfolgte Männchen, in die Flucht geschlagene Weibchen und Neuankömmlinge, die sich in einer ihnen unerklärlichen Falle wiederfinden. Aus diesem Verlustgefühl, aus meiner Wut und Traurigkeit heraus schaue ich auf eine Welt und ihre Methoden, eine noch recht junge Welt, die von mir unverständlichen Affekten durchkreuzt wird. Dennoch kann ich mich auch auf frühere Forscher berufen, Zeitgenossen jener »Sammelmethoden«, die dabei nicht mitmachen wollten, die aufmerksam waren und die Gegenstände ihrer Beobachtung mit Sorgfalt und im Interesse der Vögel behandelt haben.

Allee hatte die Experimentatoren bekanntlich als »ungeduldig« bezeichnet, da die Natur ihre Fragen nie schnell genug beantworten könne. Sehr wahrscheinlich hat er recht damit, auch wenn ich glaube, dass die Regulierungstheorie nicht nur der Ungeduld entspringt: Sie ermöglicht, ja begünstigt bestimmte Formen der Unaufmerksamkeit. Meiner Meinung nach offenbart diese Theorie eine nachlässige Haltung zu ihrem Untersuchungsgegenstand, eine mangelnde Bindung an und Sensibilität für das Objekt ihres Interesses. Auch hier geht alles zu schnell und unüberlegt vonstatten.

In Bezug auf die mit dem Raupenproblem konfrontierten Vögel kann ich natürlich nicht mit Sicherheit behaupten, welches Vorhaben dieser Methodik zugrunde lag: die Verifizierung der Regulierungstheorie oder das Vorhaben, für das die Forschung finanziert wurde, nämlich die Auswirkung des räuberischen Zugriffs auf die Raupen zu analysieren, indem ihr Ökosystem stark vereinfacht wurde. In beiden Fällen aber zeichnet sich deutlich eine beiden Forschungsansätzen gemeinsame Dimension ab. Egal ob diese Methoden nun von einer ökonomischen (oder malthusianischen)

Regulierungstheorie der Ressourcennutzung bestimmt werden oder im Dienst der holzverarbeitenden Industrie stehen, sie sind gleichermaßen von einer modernen Auffassung der Natur infiziert: von der Vorstellung, dass die Umwelt zuerst und vor allem – vielleicht auch nur – eine nutzbare Ressource ist. Ein aneigbares Gut, das sich nach Belieben gebrauchen und missbrauchen lässt.[10]

ZWEITER AKKORD

Kontrapunkt

> *Ein Territorium bedient sich bei allen Milieus,*
> *es fällt über sie her, es umschlingt sie*
> *(auch wenn es anfällig für fremde Einflüsse bleibt).*
> Gilles Deleuze und Félix Guattari[1]

»Das Territorium«, so äußert sich mein Freund Marcos Matteos Diaz, »setzt eine territoriale Arbeit voraus. Sich innerhalb des Territoriums spielerisch zu betätigen ist eine wirkliche territoriale Arbeit.« Und er setzt hinzu: »Endlich kann man wieder durchatmen.«[2] Als er mir das sagte, war mir noch nicht bewusst, wie recht er hatte. Das Territorium ist ein Ort, an dem zahlreiche Dinge und Ereignisse anders nachgespielt werden, an dem Vorgehens- und Seinsweisen für neue Verknüpfungen und Konfigurationen zugänglich sind. Das Territorium zu denken setzt den Versuch voraus, etwas Spielerisches zu schaffen, wenn die Konsequenzen zu eng an den Ursachen kleben, wenn die Funktionen das Verhalten zu strikt an einen selektiven Druck koppeln und die diversen Seinsweisen zugunsten einiger weniger Prinzipien zunehmend verkümmern. Es setzt auch einen langsameren Rhythmus voraus, es gilt, Atem zu schöpfen und sich seiner Fantasie hinzugeben; das Territorium zu verlassen und in Ruhe zurückzukehren. Bei der neuerlichen Lektüre von *Tausend Plateaus* von Gilles Deleuze und Félix Guattari konnte ich endlich nachempfinden, was Marcos hatte sagen wollen.

Ich musste das Buch ein zweites Mal lesen. Ehrlich gesagt hatte ich anfangs meine Schwierigkeiten mit Deleuze: Mich irritierte seine Art, über Tiere zu sprechen. Auch wenn diese Tatsache hier nebensächlich ist, war ich doch schockiert, wie verächtlich er über Haustiere sprach und wie hart er über Tierliebhaber urteilte, sei es in *Abécédaire* unter dem Eintrag »A comme animal« oder in besagtem *Tausend Plateaus*. Dort bezeichnen Deleuze und Guattari alle, die eine enge Bindung zu ihrem Hund oder ihrer Katze pflegen, als »Idioten« und mokieren sich über alte Damen.[3] Auch Donna Haraway hatte ihnen diese Haltung in ihrem Buch *When Species Meet* recht schroff vorgeworfen und die Frage gestellt,[4] ob Deleuze und Guattari womöglich alles Alltägliche, Gewöhnliche zutiefst verachteten. Fehlte ihnen nicht jede Neugier für Tiere, obwohl sie sie in ihrer Arbeit so oft erwähnten? Ich war absolut einverstanden mit Donna Haraway. Es kam mir vor, als würden die Tiere für ein Problem, das sie im Grunde gar nicht betraf, in Geiselhaft genommen. Bezüglich der Haustiere war dies unzweifelhaft der Fall. Um ganz ehrlich zu sein, müsste ich allerdings hinzusetzen, dass es sich weniger um Haustiere als geradewegs um *Familientiere* handelte. Um solche, die sich nur in menschlichen Verwandtschaftsbeziehungen denken lassen, in Kategorien des ödipalen Familiarismus – Vater, Großvater, Mutter, kleiner Bruder –, wobei die Autoren hier besonders den psychoanalytischen Diskurs bemühen. Insofern ist es nicht das generelle Verhältnis zu Haustieren, dem ihre Abneigung gilt, sondern das *menschliche* Verhältnis zu ihnen. Wer wirklich tierlieb sei, pflege einen tierhaften Umgang mit den Tieren. Nun gut, vielleicht – dennoch kann und mag mich diese These nicht ganz überzeugen. Das Problem mit einer Geiselnahme ist, dass es immer heikel ist, im Namen der Geiseln zu rufen: »*Not in my name!*«

Doch zurück zum Thema. Hier interessieren mich vor allem die Territorien – eines der zentralen Konzepte in *Tausend Plateaus*, insbesondere in Kapitel XI (»Zum Ritornell«). Ich hatte es am Anfang meiner Forschungen gelesen und damals zugegebenermaßen als irritierend empfunden. Einerseits schienen mir die Darlegungen von Deleuze und Guattari zu abstrakt, zu abgehoben von dem, wonach ich suchte – oder sagen wir es so: Sie halfen mir nicht gerade herauszufinden, wonach genau ich suchte. Ich verspürte die gleiche Verärgerung, die sich beim Lesen ihrer Aussagen über die Haustiere eingestellt hatte: Es ging mir alles zu schnell. Eine ähnliche Enttäuschung, ein vergleichbares Unbehagen, wie es Michel Serres trotz seines völlig anderen Ansatzes mit seinem *Mal propre* bei mir ausgelöst hatte. Ich sage extra »Unbehagen«, weil ich grundsätzlich mit Serres, mit seiner Wut und dem, was er uns nahebringen will, einverstanden bin. Gerne würde ich mich mit wehenden Fahnen seinem Vorhaben, uns die Verschmutzung unserer Lebensräume *unerträglich* erscheinen zu lassen, anschließen. Aber nicht um diesen Preis, nicht so. Auch Deleuze und Guattari schienen sich für meinen Geschmack nicht die nötige Zeit für mögliche Unterschiede zu nehmen. Schon wenn ich ein verallgemeinerndes »die Tiere« höre, wird es für mich problematisch.

Dieses Unbehagen war umso ausgeprägter, als *Tausend Plateaus* eine regelrechte Konzeptfabrik ist, ein schwer zugängliches, einschüchterndes Buch, ohne jedoch dem anzugehören, was Deleuze das »Einschüchterungsunternehmen« der Philosophie nennt: eine bewusste Blockade des Denkens.

Im Gegenteil, dieses Buch will von der ersten bis zur letzten Seite zum Denken anregen. Und genau so musste ich es lesen lernen – musste mich von Gesten statt von Wörtern leiten lassen, von Rhythmen und Brüchen, von stammelnden, glucksenden Sprechversuchen, von Affekten.[5] Ich musste aus meiner routinierten Lektüre wissenschaftlicher Beiträge ausbrechen, bei der ich Informationen zusammentrug und Tatsachen und Wissen kategorisierte. Beinahe hätte ich vergessen, dass es nicht Aufgabe der Philosophie ist, zu informieren, sondern zu verlangsamen, sich zu *verstimmen*, zu zögern. Sich zu verstimmen, um sich neu einstimmen zu können. Abzubiegen, wenn es zu lange geradeaus geht. Sich mit anderen Kräften verbünden. Den Tatsachen eine Macht verleihen, die man selbst nicht hat und die es mit ihrer Hilfe zu festigen gilt: die Tatsache, wirkmächtig zu sein, Wirkungen, unerwartete Wirkungen zu haben. Es sind Bewegungen, die ich hier beschreibe. Genau das musste ich erst von Deleuze und Guattari lernen, auch wenn diese Bewegungen nicht unbedingt ihren Intentionen entsprechen – ich musste sie auf meine Art verstehen lernen[6] (nicht mehr *auf* sie reagieren, sondern *mit ihnen* interagieren[7]). Kurzum, endlich verstehen, was sie uns zu verstehen geben wollten: dass es nicht zu interpretieren, sondern zu experimentieren gilt.

Diesen Ansatz untermauerten sie in ihrer Arbeit mit dem Territorium. Zwar kommt das Wort in *Tausend Plateaus* schon sehr früh (auf Seite 10) vor, doch dort bezieht es sich nicht auf die Tiere, sondern auf ihr Schreiben: »Schreiben, ein Rhizom bilden, sein Gebiet durch Deterritorialisierung vergrößern«[8]. Das erwähnte Territorium gewinnt, wie man von Anfang an sieht, nur in Bezug auf das Konzept der »Deterritorialisierung« Kontur. Es ist also kein Zufall, dass diese noch früher, nämlich bereits auf Seite 2, erscheint. Ein Buch, schreiben die Verfasser, bestehe »nur durch das und in dem, was ihm äußerlich ist«, aufgrund seiner Verbindungen mit anderen Konfigurationen, anderen Vielheiten, in die es seine eigene, verwandelte Vielheit einbringe. Sich zu »deterritorialisieren« würde demnach bedeuten, eine Konfiguration aufzulösen, um sich in einer neuen Konfiguration zu reterritorialisieren. Sich zu territorialisieren bedeutet, in eine Konfiguration einzutreten, die die Eintretenden territorialisiert. Damit setzt jede Territorialisierung zunächst einmal voraus, dass etwas deterritorialisiert wird, um anschließend reterritorialisiert zu werden. Insofern sollte man (ob in Bezug auf das Schreiben oder die Vögel) nicht von Territorien sprechen, sondern vielmehr von *Territorialisierungen*.

In diesem Sinne lassen sich die Handlungen der Tiere während ihres Territorialwerdens verstehen – das Ritornell (Redundanz und Wiederholung von Rhythmen), die Markierungen, Farben und Posituren, vor allem aber der Vogelgesang: »Das Territorium ist ein Akt, ein Handeln, das auf Milieus und Rhythmen einwirkt, das sie ›territorialisiert‹«[9].

Handlungen, Milieus und Rhythmen – zunächst war uns das Territorium als räumliche Konfiguration erschienen, identifizierbar, weil verhältnismäßig dauerhaft im Raum verankert. Bei der Lektüre von Deleuze und Guattari wird mir klar, dass es kaum etwas *Bewegteres* gibt als ein Territorium, so stabil seine Grenzen auch sein mögen, so treu sein Bewohner ihm auch ist. Zum einen, wie wir gelernt haben, weil das Territorium weniger Raum ist denn Entfernung und die Territorialisierung die wörtliche, expressive Art (praktisch eine Performance), »Distanz zu markieren«. Dabei ist die Distanz keine Maßeinheit, sondern eine Intensität, ein Rhythmus. Das Territorium unterhält immer ein rhythmisiertes Verhältnis zu etwas anderem. Zum anderen geht die Territorialisierung auf einen Verwandlungsprozess zurück, wobei diese Verwandlung nicht einfach die eines Wesens ist, dessen Leben erschüttert wird. Sie beeinflusst sämtliche Funktionen, die zum Territorialwerden gehören (zum Beispiel die Aggression), zeugt von einer »neuen Haltung«, schafft neue Strukturen. Das Aggressionsverhalten wird von seinen Funktionen »deterritorialisiert«, um auf dem Territorium reterritorialisiert zu werden. Insofern unterhält es nur noch eine formale Beziehung zur Aggressivität – es ist Expression geworden, reine Form. Und so wird das Eigentum, wie auch Étienne Souriau neben Deleuze und Guattari bekräftigt, von künstlerischen Absichten durchdrungen.

Das territorialisierte Wesen ist nicht nur eine andere Seinsweise, sondern eine Seinsweise, für die alles Ausdrucksmaterie wird. »Genau genommen gibt es dann ein Territorium, wenn die Bestandteile der Milieus nicht mehr gerichtet sind und stattdessen zu Dimensionen werden, wenn sie nicht mehr funktionell sind, sondern expressiv werden. Territorien gibt es, sobald es eine Expressivität des Rhythmus gibt.«[10] Wir werden noch sehen, dass das Territorium, anders als Konrad Lorenz dachte, ebenso wenig von der Aggressivität verursacht wird, wie es diese reguliert.

Dieser von Deleuze und Guattari verkörperte Umschwung ist wichtig. Das Territorium ist der Ort, an dem alles Rhythmus, melodische Landschaft, Motiv und Kontrapunkt, Ausdrucksmaterie wird. Auswirkung der Kunst. Das Territorium ist schöpferisch tätig und erfordert das Denken in neuen Beziehungen. »Expressivität läßt sich nicht auf die unmittelbaren Folgen eines Impulses reduzieren, der eine Handlung in einem Milieu auslöst [...] *Expressive Eigenschaften oder Ausdrucksmaterien gehen miteinander bewegliche Verhältnisse ein, die das Verhältnis des Territoriums, das sie abstecken, zum inneren Milieu der Impulse und zum äußeren Milieu der Umstände ›ausdrücken‹*«.[11] Die inneren Impulse sind keine einfachen Ursachen mehr, sondern die melodischen Kontrapunkte äußerer Umstände.

Deswegen können alle in ein expressives Werden verwandelten territorialisierten Funktionen unabhängig werden und sich einer anderen Konfiguration, einer anderen funktionellen Organisation anschließen. Damit ließe sich die Tatsache beleuchten, dass bei manchen Vögeln die Sexualität – eine andere Konfiguration, selbst wenn sie sich innerhalb des Territoriums manifestiert – unabhängig von diesem Revier sein und »eine Distanz zu ihm einnehmen« kann, oder die Tatsache, dass sich unterschiedliche Formen der Sozialität ausbilden, an denen das Territorium umfassend beteiligt ist. Wenn also ein Artgenosse ohne jede Aggressivität empfangen wird, öffnet sich das territoriale einem »verselbstständigte[n] gesellschaftliche[n] Gefüge«, der Partner wird »ein Tier *mit der Heimvalenz*«.[12] Manchen Ornithologen zufolge kann auch der an das Weibchen adressierte Balzgesang des Männchens die Umdeutung eines Territorialgesangs sein, den das Männchen an andere Männchen richtet. Nichts ist bewegter als ein Territorium. Und es wäre überaus traurig, wenn man es nicht aus der Perspektive plötzlicher Emergenzen, Schönheiten, Kontrapunkte und Erfindungen denken könnte; nicht mit den Bewegungen, die aus dem Territorium herausführen.

Um meine Schwierigkeiten zu überwinden, musste ich darauf verzichten, alles verstehen zu wollen, und mich stattdessen treiben lassen. Ich hatte am Ende meiner Lektüre der wissenschaftlichen Beiträge eine Fülle an Tatsachen, Geschichten und Theorien versammelt, mit deren Hilfe ich mich in der aus Ereignissen, Tieren, Handlungen, Verhaltensweisen und Funktionen bestehenden Wirklichkeit zurechtfinden konnte; die mir beim erneuten Lesen das Gefühl nahmen, mit bloßen Abstraktionen konfrontiert zu sein.

Ich musste alles, was ich über die Vögel gelernt hatte, sorgsam bewahren und ebenso sorgsam die Vielheit der von den Ornithologen heraufbeschworenen Welten erhalten. Der Tatsache treu bleiben, dass manche Forscher nicht mehr darauf aus sind, unterschiedliche *Theorien* zum Territorium zu formulieren, sondern die diversen Arten der Territorialisierung zu verzeichnen. Gleichzeitig musste ich mir klarmachen, dass die Suche nach den Funktionen und die Schwierigkeit, sowohl das Nutzlose als auch die wirksamen Erfindungen zu denken, diese Territorialisierungsgeschichten nachhaltig beeinflussen; ja, sie manchmal erheblich beschneiden. Deleuze und Guattari haben mich gelehrt, den möglichen Deterritorialisierungen zu folgen, die Territorien zu verlassen, um mit frischem Blick wieder zurückzukehren und sie auf andere Milieus »zugreifen« zu lassen. Sie haben mich gelehrt, die Territorien, so wie sie in all diesen Geschichten, Artikeln und wissenschaftlichen Berichten dargestellt werden, zu deterritorialisieren und in anderen Konfigurationen zu reterritorialisieren. So wie zahlreiche Verhaltensweisen, Affekte und überkommene Strukturen verfügbar sind, um im Abenteuer des Lebens andere Rollen zu spielen, sich neu auszurichten und eine veränderte Haltung anzunehmen – ein zarter Flaum kann den Embryo wärmen, dann zum Prachtkleid werden und, sehr viel später, zum Fliegen ermächtigen; ein Gesang kann einen Besitz markieren, Distanz schaffen, einem Territorium seinen Rhythmus aufprägen und sich anschließend deterritorialisieren: zum Hilfe-, zum Alarmruf werden oder sich in den Dienst der Liebe stellen. Die Geschichten, die ich gesammelt hatte, mussten sich mit anderen Geschichten verknüpfen, sich anderen Experimenten öffnen, ihrerseits eine »neue Gestalt« annehmen; eine wirkliche territoriale Arbeit leisten, um etwas von dem »backyard air« zu vermitteln, den der von Deleuze zitierte Bob Dylan beschworen hat[13] – um durchatmen zu können.

# Kapitel 4

Aneignung

In einem von Margaret Nice zitierten Abschnitt schreibt Howard: »Eine abwechslungsreichere oder stabilere Nahrungsquelle, eine weniger dichte Population oder ein bequemes Flügelpaar können die Emanzipation eines Systems bewirken, das zweifelsohne einen Druck und eine Bedrückung für die Vögel darstellt, die in ihm zu leben gezwungen sind.« Nice wandte sich in ihrem Kommentar zu diesem Zitat gegen die Vorstellung, dass die Vögel in einem derartig bedrückenden, starren System gefangen seien. An den Singammern habe sie beobachten können, dass die ständigen Bewohner den ganzen Winter über im selben Revier blieben und es »weder verlassen noch verteidigen wollen«.[1]

Meiner Meinung nach verweist diese Uneinigkeit auf eine wichtige Frage. Zum einen heißt es oft, die Karte sei nicht das Territorium. Man sollte hinzusetzen: Auch der Raum ist nicht das Territorium. Bekanntlich ist derselbe Raum, der bewohnte Raum, in manchen Momenten ein Territorium und in anderen nicht. Das Territorium prägt dem Raum seinen Rhythmus auf. Man kann, wie die Singammer, ein ständiger Bewohner desselben Ortes sein und sich doch im Winter nicht territorial verhalten, wie Margaret Nice zeigt. Ihre Hypothese implizierte im Übrigen, dass das Territorium an einen Wunsch oder vielmehr an unterschiedliche Wünsche geknüpft ist: es im Frühjahr zu verteidigen oder im Winter einfach dort zu bleiben. In meinen Augen eignet dem Raum eine wechselhafte Affektivität.

Doch die Problematik ist noch um einiges komplexer, und vermutlich kann der von mir benutzte Raumbegriff diese »wechselhafte Affektivität« nicht ausreichend fassen. Ich will versuchen, ihn etwas weiter aufzufächern. Der Schweizer Biologe Heini Hediger hat das Problem des Raums aus der Perspektive der Freiheit betrachtet: »Das freilebende Tier lebt nicht frei«, schreibt er, »weder in räumlicher Hinsicht noch in Bezug auf sein Verhalten gegenüber anderen Tieren.«[2] Sie lebten deshalb nicht frei, weil sie nur über einen winzigen Teil des Raums verfügen. An dieser Stelle sei darauf hingewiesen, dass Hediger als Zoodirektor in Basel, Bern und Zürich jahrelang mit Tieren in Gefangenschaft gearbeitet hatte, sodass man sich fragen darf, ob er nicht einfach nur ein gängiges Argument vorbringt. Doch lässt man für einen Moment die von ihm formulierte Frage der Freiheit außen vor, ist seine Aussage durchaus von Interesse. Hediger erklärt, dass der Lebensraum der Tiere keineswegs homogen, sondern extrem differenziert sei. Oft binde sich das Tier an bestimmte Orte, während es andere gar nicht beachte, so als bestünde – Hediger bezieht sich hier auf den deutschen Biologen und Philosophen Jakob von Uexküll – die Umwelt aus flüssigen und hochviskosen Strömen: die Rhythmen der Dichte der jeweiligen Umwelt. Nur wenige Tiere kennen keine strikten Raumgrenzen. Zwar, schreibt Hediger, seien Raubvögel oder Giftschlangen sowie vom Menschen künstlich umgesiedelte Arten wie Ratten, Mäuse oder Hausschwalben »kosmopolitisch«[3]:

»Man darf sich das aber nicht vorstellen, daß etwa diese Kosmopoliten ihr gewaltiges Verbreitungsgebiet ›ausnutzen‹ in dem Sinne, daß sie es von einem Ende bis zum andern bereisen. Schon die Bildung der vielen Lokalformen, deren große Zahl dem Systematiker oft erhebliche Schwierigkeiten bereitet, beweist, daß auch diese Tiere die Tendenz haben, sich in ihrem Areal an bestimmte, umgrenzte Gebiete zu halten.« Und etwas später fügt er hinzu: Die Vögel haben »sonderbare Bindungen an bestimmte Lokalitäten«.

Der territoriale Raum ist also ein Raum mit einer doppelten Funktion: ein Raum, der einer Territorialisierung »zugeordnet« ist und wiederum selbst von der Territorialisierung »untergeordnet« wird. Dennoch ist dieser Raumbegriff nach wie vor zu eng gefasst. Denken wir nur an das Beispiel, das Konrad Lorenz für die Katzen anführt, die sich, wenn auch zu unterschiedlichen Zeiten, denselben Ort aneignen: In diesem Fall ist das Territorium weniger ein Raum im eigentlichen Sinne als ein von der Zeit rhythmisierter Raum. Mit anderen Worten definiert sich der Raum anhand von Zeit- und Nutzungskoordinaten. Auch andere Dimensionen und Gewohnheitsfaktoren können ihn beeinflussen. Die von Gordon Orians beobachteten Dreifarbenstärlinge leben in Territorien, deren dichte Vegetation ein niedriges Dach aus schilfähnlichen Pflanzen, sogenannten Rohrkolben, bildet. Der Vogel vollführt keine Balzflüge, sein territoriales Werben findet auf dieser aus geknickten Rohrkolben bestehenden Bühne statt. Offenbar ist alles, was über der Vegetation liegt, nicht territorialisiert – bei den Dreifarbenstärlingen gehört der Himmel jedem Vogel. Er ist ein neutraler Raum, in dem Männchen und Weibchen gefahrlos ihren Beschäftigungen nachgehen können. Wenn allerdings ein Männchen zum Eindringling wird und sich weiter unterhalb in die Vegetation vorwagt, wird es sofort angegriffen. Das Territorium codiert alles: Derselbe Vogel ist unter dem Schilfdach ein »Eindringling«, am Himmel ein harmloser »Artgenosse und Passant«; auch er wird je nach dem Ort, den er betritt, »territorialisiert« oder »deterritorialisiert«. So verhält es sich etwa mit dem Rotaugenvireo, ein kleiner, in den nordamerikanischen Wäldern lebender Sperling, der seinerseits einen schmalen, etwa fünfundzwanzig Meter hohen Zylinder in den Raum zeichnet, der vom Boden bis zum Blätterdach reicht. Der Gelbkehlvireo lebt an den gleichen Orten, aber sein Territorium erstreckt sich über eine weite Fläche und betrifft lediglich den oberen Teil des Blätterdachs.

Auch wenn sich das Territorium im Raum entfaltet, hat dieser Raum nur wenig mit dem zu tun, was wir Erdverbundene als »Fläche« bezeichnen. Es ist eher das Ergebnis von Schichtungen, deren Komplexität wir nur ansatzweise ermessen können. Doch damit nicht genug.

In einem Beitrag der Zeitschrift *British Birds* beschreibt der britische Ornithologe Julian Huxley ein erstaunliches Phänomen.[4] Er kommentiert Beobachtungen, die er Ende Dezember 1933 anlässlich eines Besuchs bei Henry Eliot Howard in der Nähe von Hartlebury in Worcestershire anstellen konnte: Huxley war am 30. Dezember bei ihm eingetroffen und betrieb in den folgenden Tagen gemeinsam mit Howard seine

Studien. Die Erwähnung dieses Details ist nicht ungewöhnlich; *British Birds* ist streng genommen kein wissenschaftliches Organ mit akademischen Konventionen, sondern eine Monatszeitschrift, die von Liebhaberornithologen gelesen wird. Indem Huxley den Kontext genau beschreibt, kann er seinem Artikel auch Beobachtungen hinzufügen, die Howard bereits vor oder erst nach seiner Abreise angestellt hatte, und sich damit gewissermaßen auf einen Mitunterzeichner berufen. Nicht zuletzt lässt Huxley damit auch das freundschaftliche Verhältnis zwischen ihm und Howard anklingen, zumal an einem so wichtigen Datum wie Silvester. Mich zumindest hat dieses Detail berührt, weil es von der durchaus nicht seltenen Tatsache zeugt, dass die Vögel uns Menschen sozialisieren: Immer wieder erfährt man aus Biografien, dass viele Forscher sich gegenseitig besucht und produktive Zeit miteinander verbracht haben. Gleichzeitig möchte ich das Augenmerk darauf lenken, dass Huxleys Forschungen zu dem, was ein »Zuhause« der Tiere bedeutet, im »Zuhause« seines Kollegen stattfanden – ein melodischer Kontrapunkt meiner territorialisierten, sogleich mit Fragen der Gastfreundschaft befassten Fantasie: Ich höre förmlich ein »fühlen Sie sich wie zu Hause«, spüre die Behaglichkeit eines Gästezimmers, sehe Daunendecken vor mir und einen Whisky am Kaminfeuer. Möglicherweise prägt dieser Aspekt des »Zuhauses« die Forschungen zum Territorium noch nachhaltiger und geht über die Fragen der Gastfreundschaft bei sich gegenseitig besuchenden Kollegen hinaus: Viele dieser Studien nämlich fanden im »Zuhause« der Forscher statt, woraus sich die stattliche Anzahl an Vogelliebhabern – »Ornithophile«, wie Fabienne Raphoz sie nennt[5] – erklärt, die nach einer Weile zu professionellen Ornithologen wurden. Diese Tatsache könnte außerdem erklären, weshalb es manchen Frauen möglich war, ihre Forschungsarbeit mit dem Familienleben zu vereinbaren: so etwa Margaret Nice in ihrem Garten und in der Umgebung von Columbus, oder Barbara Blanchard auf dem Campus in Berkeley, wo die beiden Populationen der von ihr beobachteten Dachsammer lebten.

Doch zurück zu unserer Geschichte. Am 31. Dezember begeben sich Howard und Huxley zu einem künstlich angelegten Teich, an dem Blässhühner leben. Mehrere Pärchen bewohnen hier Reviere, und ihr Verhalten zeugt von der Tatsache, dass der Raum aufgeteilt und territorialisiert ist. In der Nacht vom 31. Dezember auf den 1. Januar herrscht starker Frost. Als er alleine an den Teich zurückkehrt, stellt Huxley fest, dass ein Großteil der Wasseroberfläche vereist ist. Von den zu diesem Zeitpunkt anwesenden Vögeln zeigt nur ein einziges Pärchen – das sich auf dem noch nicht zugefrorenen Teil befindet – territoriales Verhalten. Die anderen Vögel, so Huxley, deren Territorium vereist ist, scheinen ihren territorialen Instinkt verloren zu haben. Wenn ein benachbartes Männchen in das Revier des noch immer territorialen Pärchens eindringt, reagiert der Bewohner nicht, solange Ersterer auf dem zugefrorenen Teil verharrt: Gewissermaßen hat das Eis das Territorium in einen neutralen Boden verwandelt. Die anderen, vom Eis deterritorialisierten Vögel schließen sich hin und wieder zusammen und besetzen den

Raum – mit Ausnahme des von dem territorial gebliebenen Pärchen okkupierten Teils – auf eher gleichgültige Weise. Daraus lässt sich Huxley zufolge ableiten, dass das Territorialverhalten nicht nur von einem inneren physiologischen Zustand abhängt, sondern auch von der Seinsweise des Terrains, von seiner realen Präsenz.

Offenbar wechselt der Raum seine Eigenschaften. Und wenn wir von einem Territorialverhalten sprechen, müssen wir wohl mitberücksichtigen, dass sich seinerseits auch das Milieu »verhält«, dass es sich *aneignen* lässt oder eben nicht. Der Raum sucht sich eigene Aufmerksamkeits- und Seinsformen. Er enthält Kräfte, wie der Philosoph und Verhaltensforscher Thibault De Meyer schreibt, Antriebe, an die die Territorialisierungshandlungen appellieren.[6] Und nicht alle Räume erweisen sich als günstig oder geeignet. Wenn das Territorialverhalten ein Aneignungsverhalten ist, dann nicht mehr im herkömmlichen Sinn des »Besitzens« oder »Erwerbens«, sondern eher als »Sich-zu-eigen-Machen«. Doch womöglich überstürze ich die Dinge etwas: Schauen wir uns zuerst noch einmal die Singammern aus Nizza an. Im Winter bewohnen sie einen Raum, der in räumlicher Hinsicht für uns exakt dem entspricht, den sie auch im Sommer bewohnen. Doch im Frühling oder Sommer ist dieser Raum *für die Vögel eben nicht derselbe, weil sie ihrerseits nicht dieselben sind*. Sie sind inzwischen territorial geworden, was nichts Wesenhaftes ist, sondern einer Seinsweise entspricht, einer Art des Bewohnens, die das Lebewesen verwandelt. Oder vielmehr einer Art des Bewohnens, die *die Aufteilung der Lebewesen und des Raums innerhalb der Zeit verwandelt*. Es findet ein Ereignis statt. Das Territorium ist mithin keine räumliche Gegebenheit, sondern eine, die im Spannungsfeld der Zeitlichkeit und verschiedener Intensitäten steht, die also einem Rhythmus ausgesetzt ist. Es ist, um mit den Worten Uexkülls zu sprechen, ein erlebter, vor allem ein *intensiv erlebter* Raum, der von unterschiedlichen Intensitäten durchdrungen wird.

Wenn ich sage, dass der Raum seine Eigenschaften wechselt, will ich damit zuerst auf die Tatsache hinweisen, dass er sich auf verschiedene Arten erleben lässt, dass er sich, wie bei den von Howard und Huxley beobachteten Blässhühnern, mal in einer territorialen Aufteilung befinden, mal *buchstäblich* deterritorialisiert werden kann. Doch wer oder was wird deterritorialisiert? Das vereiste Gebiet oder das Blässhuhn, das sein Revier nicht mehr als seines empfindet? Meiner Meinung nach beide, denn beide sind enteignet worden, nachdem sie sich zunächst füreinander geeignet hatten. Mit der Territorialisierung ist der Raum der Aneignung zugefallen – was nicht bedeutet, dass er *Gegenstand* einer Aneignung ist. Ich verstehe den Begriff der Aneignung hier im Sinne von Étienne Souriau: Das Eigene und die Aneignung werden zueinander in Bezug gesetzt, allerdings in einer völlig anderen Perspektive als bei Michel Serres. Nach Souriau, schreibt der Philosoph David Lapoujade, »bedeutet besitzen nicht, sich etwas oder jemanden anzueignen. Die Aneignung betrifft kein Eigentum, sondern das Eigene. Das dazugehörige Verb sollte also nicht reflexiv gebraucht werden, sondern aktiv: besitzen bedeutet nicht, sich etwas anzueignen, sondern sich etwas *anzupassen* ... also als eigen bestehen zu lassen«. Oder, noch präziser: Das Lebewesen passt sein Leben neuen Dimensionen an.[7] Eine ganz ähnliche Auffassung findet sich in den Büchern der Juristin Sarah Vanuxem, wenn diese in der französischen Rechtsgeschichte und Anthropologie nach Interpretationen sucht, die mit der Vorstellung des Eigentums als souveräner Macht über die Dinge zu brechen erlauben, um die Dinge als bewohnbare *Milieus* zu denken: »Sich in den Bergdörfern der Berber einen Ort anzueignen bedeutet, ihn sich anzupassen und sich ihm anzupassen; sich ein Stück Erde anzueignen bedeutet, es sich zu nehmen und sich ihm zu eigen zu machen.«[8] Kurzum, wer territorialisiert, wird wiederum selbst territorialisiert.

Doch wir wollen nicht die Frage vernachlässigen, die ich bisher in der Schwebe gelassen habe – die Frage der Freiheit, anhand derer wir diese Gedanken weiterspinnen können, gesetzt den Fall, dass wir sie anders formulieren. Es ist an dieser Stelle müßig, auf der Tatsache zu insistieren, dass Howard in einer anderen Passage seines Buchs behauptet, das Territorium gewähre den Vögeln eine gewisse Freiheit; es stelle einen Treffpunkt dar, an dem sie ungestört ihren Beschäftigungen nachgehen und dennoch sicher sein könnten, einander wiederzusehen. Darum geht es hier nicht. Wenn Howard in dem letztzitierten Auszug von einer Bedrückung spricht, verweist er auf den »verpflichtenden« Charakter des Territoriums für die Vögel. Diese Verpflichtung übersetzt Howard innerhalb seines theoretischen Rahmens mit diversen Determinismen und Funktionen: Das Territorium »bindet« den Vogel mit dem Futter, es »bindet« ihn mit dem Risiko der Überpopulation und es »bindet« ihn mit der Unmöglichkeit, woanders hinzugehen. Doch bindet ihn das Territorium nicht deshalb auf so vielerlei Arten – ganz zu schweigen von den zahllosen Funktionen, die Howard zuvor aufgelistet hat –, weil es ihn *grundsätzlich bindet*? Meint Howard, wenn er jene Bedrückung erwähnt (womit er vermutlich nicht unrecht hat, nur dass diese Bedrückung mit dem Territorium an sich identisch ist, nicht mit seinem – wenn auch unleugbaren – Nutzwert), vielleicht die Tatsache, dass ein Vogel, der ein Revier vereinnahmt, seinerseits komplett von ihm vereinnahmt wird? Der Begriff des »Eigentums«, den ich bisher eher vermeiden wollte, bekommt hier einen neuen Sinn: Der Vogel besitzt sein Territorium, weil er von ihm besessen ist. Er hat sein Leben den neuen Dimensionen des Territoriums angepasst, hat sich von der Territorialisierung vereinnahmen lassen. Es ist das Territorium, das ihn zum Singen veranlasst, so wie es ihn dazu veranlasst, umherzustreifen, zu tanzen und seine Farben zur Schau zu stellen. Mit anderen Worten: Der Vogel ist territorial geworden, was bedeutet, dass sein ganzes Wesen territorialisiert worden ist. In diesem Fall meint der Besitz sowohl Besessensein als auch Besitzen.

In Bezug auf die Ziegen in den Rocky Mountains und auf das, was Hediger über manche Tiere sagte, habe ich bereits erwähnt, dass die territoriale Markierung quasi eine Verlängerung des Tierkörpers, hier des territorialen Säugetiers im Raum ist. In diesem Zusammenhang galt es entsprechend, den Raum über die Territorialisierungshandlungen weniger zu »seinem« als zum »Selbst« zu machen. Die Territorialisierung bildet umso mehr das ursprüngliche Selbst und Nicht-Selbst ab, als sich manche Säugetiere mit den Gerüchen ihres Territoriums – Erde, Humus, Aas, Vegetation – selbst markieren. Sie werden demnach eher territorialisiert, als dass sie selbst Territorium *sind*. Das Territorium ist der materielle und wörtliche Ausdruck eines Selbst, und das Selbst wird zum Ausdruck des Territoriums. Vielleicht wird man mir entgegenhalten, dass Vögel kaum markieren – sie singen. Unaufhörlich sogar. Doch wie schon bemerkt, ist der Unterschied zu den Säugetieren in dieser Hinsicht entscheidend: Die Vögel pflegen andere Anwesenheitsformen.

Der Ansatz von Deleuze und Guattari bringt mich auf den Gedanken, dass es jenseits dieses Unterschieds womöglich tief verankerte gemeinsame Gewohnheiten gibt. Fahren Sie manchmal mit Kopfhörern Zug? Haben Sie schon einmal, so wie es mir oft ergangen ist, eine Landschaft nach Bach oder Tschaikowski klingen hören? Gespürt, wie sehr die Musik sich einprägt und durchsetzt, auf alles Umgebende abfärbt? Ein Akkordeon in der Metro wirkt sich nicht nur auf unsere Stimmung, sondern auch auf unsere Wahrnehmung der Dinge aus: Die Welt wird nicht musikalisch, sie wird melodisch. Es ist nicht mehr eine mit der Landschaft verknüpfte Melodie, »sondern die Melodie selber bildet eine Klanglandschaft«.[9] Mit anderen Worten: Die Territorialisierung wäre also unter anderem die Musikalisierung eines Ortes – »unter anderem« deshalb, weil bekanntlich auch Posituren, getanzte Rituale, theatralisierte Drohgebärden, Farben und Flügelschlagen dazu zählen. Und das Durchmessen des Raums.

Wenn man einen Vogel bei der Territorialisierung beobachtet, lassen sich die unaufhörlichen Wiederholungen seiner Durchmessungen (wie auch des Singens) schwerlich leugnen. Wie eingangs erläutert, sucht sich der Vogel eine Sitzwarte und bewegt sich anschließend in einem Raum, der sich durch sein ständiges Hin und Her, durch die rhythmischen Durchmessungen allmählich zu einem Raum der Aneignung ausbildet. Daraus lässt sich ableiten, dass der Vogel mit seinen Durchmessungen zum einen das Territorium signalisiert, gleichzeitig aber durch die wachsende Verbundenheit mit einem auf diese Weise »angeeigneten« Ort und seinen Besonderheiten zunehmend »bei sich« ist: Der Raum wird ihm vertraut. Doch bei seinen Durchmessungen macht der Vogel noch etwas anderes. Er zeichnet mit unsichtbarer Tinte ein dichtes Netz über den zunehmend von seiner Anwesenheit erfüllten Raum. Dabei begleitet ihn der Gesang, der seinerseits eine Form der Vermessung ist und, wie in *Tausend Plateaus* zu lesen, »eine Klangmauer, oder jedenfalls eine Mauer, in der bestimmte Steine mitschwingen«[10]. Dabei handelt es sich weniger um eine Mauer als um eine Überlagerung – die Bezeichnung »Mauer« erinnert zu sehr an Grenzen, und hier sollen gerade nicht nur die Grenzen zählen –, um etwas, das sich als ein aus Bewegungen und Gesängen gewebtes Netz über eine Fläche zieht. Der Gesang funktioniert in gewisser Weise wie ein Spinnennetz. Das von der Spinne gewebte Netz erweitert deren körperliche Grenzen im Raum: Das

Netz *ist* der Körper der Spinne, und der ganze im Netz enthaltene Raum, der Netz- und Körper-Raum, der bis dahin eine Umwelt oder etwas Umgebendes war, wird nicht etwa im herkömmlichen Sinne zum Eigentum der Spinne, sondern zu dem ihr Eigentümlichen, zu dem, was ihr zu eigen ist. Nach Lapoujade bedeutet Aneignung genau das: die Tatsache, etwas als eigen bestehen zu lassen. Aus dieser Perspektive kann man Deleuze nur dazu beglückwünschen, Jakob von Uexkülls Begriff der *Umwelt* nicht mit »erlebter Welt« oder »Umgebendes« übersetzt zu haben, sondern mit »assoziierter Welt«: Das Netz nämlich, und mithin der Raum, den das Netz ausfüllt, ist eine mit dem Körper der Spinne verknüpfte Welt, ein ausgedehnter Körper (so wie mein Arm an meinen Körper gekoppelt und gleichzeitig dessen Bestandteil wie seine Verlängerung ist).

Wenn der Gesang also den Vogelkörper verlängert, könnte man sagen, dass der Vogel von seinem Gesang gesungen wird, so wie der Körper der Spinne vernetzt wird und neue Beziehungen zu seiner Umgebung knüpft – Beziehungen, die die Ausdrucksmodalität deterritorialisieren könnten, wenn das Netz zur Falle wird, wobei es jedoch nicht aufhört, eine Form des Ausdrucks und der »Eindrücke« zu sein. So wäre der Vogelgesang eine expressive und »extensive« Macht. Es ist gut möglich, dass die Macht dieses Gesangs, sein Rhythmus, seine Intensität sowie die verschiedenen Durchmessungsformen einer gegebenen Fläche die potenzielle Ausdehnung dessen, was Territorium wird, mitbestimmen. Anders gesagt: *Der Vogelgesang verkörpert sich im Raum*. Und zwar buchstäblich. Der

Gesang ist die Ausdrucksform, mit der sich ein gesungener Raum *verkörpert*, zum Körper des Vogels wird. In einem Roman von Maylis de Kerangal habe ich eine der treffendsten Beschreibungen des Verhältnisses gefunden, das zwischen einem zum Territorium werdenden Gesang und einem zum Gesang werdenden Territorium entsteht, jener »Verkörperung« mit dem Raum, mit der sich der Vogel sein Territorium, seinen Platz und sein erweitertes Selbst aneignet. In dieser Passage schreibt sie über die Stieglitze in Algier. Von dem jungen Hocine, der sie fängt und verkauft, heißt es:

> Er kannte jede Art, ihre Merkmale und ihren Stoffwechsel, konnte hören, aus welcher Region, ja sogar aus welchem Wald der Vogel stammte [...]. Doch die Emotionalität des Distelfinken überwog die Musikalität seines Gesangs und war vor allem von der Geographie geprägt: in seinem Gesang verkörperte sich ein Revier. Tal, Stadt, Gebirge, Wald, Hügel, Fluss. Er ließ eine Landschaft erstehen, eine Topographie spüren, einen Boden und ein Klima erfahren. Ein Stück des Weltpuzzles nahm in seinem Schnabel Gestalt an [...] so gab die Kehle des Distelfinken etwas Festes, Duftendes, Fühlbares und Farbiges von sich. Hocines unterschiedliche Arten lieferten mit ihren Tönen die Kartographie eines riesigen Gebiets.[11]

So ist der Gesang jedes einzelnen dieser Stieglitze eine körperlich verinnerlichte Perspektive auf eine Welt, auf die Wälder von Bainem, von Kaddous, Dely Ibrahim und Souk Ahras; jeder dieser Vögel ist die Erfahrung einer Parzelle Welt, er verkörpert sie: Der Gesang hat das Territorium geprägt und das Territorium den Gesang.

Aus dieser Perspektive könnten viele Geschichten neu gelesen, in einer anderen Konfiguration erzählt, in Bezug auf andere Besitzverhältnisse überdacht und mit einem Kontrapunkt verknüpft werden – sie bekämen dadurch eine neue Musikalität. Schauen wir uns nur die Weibchen an, von denen behauptet wurde, sie suchten sich ein Territorium *und nicht* ein Männchen. Streng genommen ist dieses »und nicht« hier schon zu viel, denn wir können nicht mehr in Kategorien von »entweder ... oder« denken, als ließen sich Gesang, Balz, Farben, Posituren, Territorialisierungshandlungen und Territorium voneinander trennen.

Wir haben das Territorium bisher nur vom Standpunkt der Ressourcen aus betrachtet. Natürlich sind sie wichtig, aber sind sie auch das Wichtigste? Man vergisst dabei schnell, dass sich der territorialisierende Vogel einen Raum schafft, den er mit Attraktionen füllt – die Sitzwarte, die zum attraktiven Mittelpunkt wird, die Grenze als Beziehungsattraktion für die Außenwelt und schließlich er selbst, der durch Motive, Posituren, Gefiederfärbung und Gesänge attraktiv sein will. Das Territorium ist bestrebt, Aufmerksamkeit zu erregen und lockt, ob Männchen oder vorüberziehende Weibchen, mit diversen Attraktionen in die Falle. Die Vorstellung, das Weibchen suche sich ein Territorium, nicht ein Männchen aus und begründe seine Wahl mit den verfügbaren Ressourcen, lässt die Tatsache außer Acht, dass es sich vielmehr auf eine Komposition einlässt, auf das, was ein Vogel mit einem Ort, einem Platz komponiert hat. Was spürt es, was sieht und hört es von dieser Komposition? Wie erfasst es die Art und Weise, in der sich der Vogel den Ort mehr oder weniger angeeignet hat? Wie hört es, ob er sich das, was zu *seinem* Platz geworden ist, auch zu eigen gemacht hat? Und wenn der Vogelgesang Ausdruck eines Ortes geworden ist, wird es an dessen Eigenheit vermutlich die Höhe der Bäume ablesen, die Anwesenheit einer friedlichen oder unruhigen Nachbarschaft – wir werden noch sehen, dass diese entscheidend sein kann –, die Rauheit der Felsen, die Gegenwart einer ebenfalls singenden Quelle, den Schatten des Laubdachs, den Geschmack seiner Früchte oder der Insekten unter den Blättern und vielleicht sogar die Art und Weise, in der sich die Sonne ihren Weg durch das Laub bahnt. Sämtliche Ausdrucksformen von Intensität, sämtliche Variationen von Intensität, die sich anhand des Gesangs kartografieren lassen – eine Musikografie.

Kontrapunkt

Der kanadische Ornithologe Louis Lefebvre hat eine lange Vergleichsstudie über die Intelligenz der Vögel angestellt. Kein einfaches Experiment, sondern eine richtiggehende Erhebung, für die er sämtliche Anekdoten eines erfindungsreichen Verhaltens gesammelt und über fünfundsiebzig Jahre hinweg die wissenschaftliche Literatur und Liebhaberberichte nach Schlüsselbegriffen wie »ungewöhnlich«, »neu« oder »erster bekannter Fall« durchforstet hat. Auf diese Weise konnte er insgesamt 2300 Beispiele für mehrere hundert Arten zusammentragen. Sie betreffen hauptsächlich das Ernährungsverhalten, was mich offen gestanden nicht sonderlich wundert. Natürlich spielt die Nahrungsaufnahme im Leben der Tiere eine wichtige Rolle, aber wie bereits erwähnt, bildet sie vor allem den meistanalysierten Forschungsbereich. Zum einen, weil die Tiere bei ihrer Nahrungssuche an den Ort der Futterressourcen gebunden und damit sichtbarer sind als bei sonstigen Tätigkeiten. Zum anderen können Letztere vorübergehend ausgesetzt werden, wenn die Tiere sich beobachtet fühlen, während die Futtersuche kaum aufschiebbar ist, zumal wenn die Beobachtenden Geduld beweisen.[1] Doch zurück zu Louis Lefebvre.

Unter anderem hatte er entdeckt, dass sich eine Subantarktikskua, ein Vogel aus der Familie der Raubmöwen, unter eine Gruppe von Jungrobben gemischt hatte, um sich an der Milch deren Mutter zu laben; dass sich ein Kuhstärling mithilfe eines Grashalms an einem Kuhfladen gütlich tat; dass Grünreiher Insekten als Köder benutzten und auf die Wasseroberfläche platzierten, um Fische anzulocken; dass eine Silbermöwe ein Kaninchen tötete, indem es das Tier ergriff und aus der Höhe auf einen Stein fallen ließ wie sonst üblicherweise die Muscheln, oder dass sich Geier während des Befreiungskriegs in Simbabwe auf die Stacheldrahtzäune an den Minenfeldern setzten und warteten, bis ihnen Gazellen oder andere Pflanzenfresser in die Falle gingen.

Jennifer Ackerman, die diese Erhebung in ihrer eigenen Studie zum Genie der Vögel erwähnt, fragt sich, ob es sich hier tatsächlich um Intelligenz oder nicht vielmehr um Kühnheit handelt.[2] Sie kommt zu dem Schluss, dass Kühnheit für das Lösen von Problemen in jedem Fall hilfreich ist. Die Technik, die Erfindung von Werkzeugen, liefert ihr zufolge das entscheidende Kriterium für die Definition von Intelligenz. Diesbezüglich zitiert sie zwei Forscher, Alex Taylor und Russell Gray, für die die Liste der vom Menschen ersonnenen Werkzeuge »für die gesamte Geschichte unserer Spezies stehen [kann]«.[3] Das mag stimmen. Doch diese Auflistung der Technologien, »die zu Revolutionen in den Gesellschaften [führten], in denen sie erfunden wurden« – wie das Töpfern, Rad, Papier, Feuer oder Kleidung –, müsste streng genommen ebenso den Beton, das Kanonenpulver und die Atombombe umfassen. Damit ist nicht zu scherzen.

Es liegt mir fern, die Rolle der Technik – ihre Bedeutung an sich oder ihren Einfluss auf uns – vernachlässigen zu wollen. *Homo faber.* Doch ich denke unwillkürlich an jene Auflehnung gegen die großen Männlichkeitsmythen, an das Heilmittel gegen das epische Gift des eroberungslustigen, waffenproduzierenden Mannes: an Ursula Le Guins *Die Tragtaschentheorie des Erzählens* von 1986. Sie plädiert hier für ganz andere Geschichten, für solche, die sich um diverse »Tragebeutel« ranken, um Behälter und Hüllen, kostbare, fragile Gebilde, mit denen man aufbewahren, transportieren, beschützen und jemandem etwas bringen kann: »Ein Blatt, eine Kalebasse, eine Muschel, ein Netz, einen Beutel, ein Tragetuch, einen Sack, eine Flasche, einen Topf, eine Schachtel, einen Container. Ein Gefäß. Ein Behältnis.«[4] Dinge, die andere Dinge und Wesen zusammenhalten.

Meinerseits würde ich all diesen Geschichten gerne die gesellschaftlichen Erfindungen hinzufügen, entscheidende Erfindungen unterschiedlichster Art, mit deren Hilfe die Lebewesen lernen, ihr Zusammenleben zu gestalten, eine Gesellschaft zu bilden oder Lebensgemeinschaften zu gründen. Nicht in Harmonie übrigens, ja es bedarf sogar außergewöhnlicher Umstände oder harter Arbeit, damit der Wolf neben dem Lämmchen schläft. Bestenfalls lässt sich von einer Domestizierung sprechen, und diese hat stets einen Preis.[5] Nicht in Harmonie also, aber auf die bestmögliche Weise.

Wie wir bislang gesehen haben, verteilen sich die Territorien nicht über einen Garten Eden, und das Leben dort organisiert sich um Interessenkonflikte und unvereinbare Wünsche. Aber es *besteht*. Ich würde gerne Geschichten beitragen, die diesen Erfolgen Gerechtigkeit widerfahren lassen. Wenn die Technologien auch Erfindungen sind, die uns hervorgebracht haben, und wir unseren Vorfahren für manche dieser Erfindungen dankbar und in Bezug auf andere berechtigterweise skeptisch sein können, so fürchte ich doch, dass die beneidenswerte Beförderung der Tiere zu einem *Zoo faber* zwar deren Genie anerkennt, dafür aber all die unauffälligeren Technologien der sozialen Erfindungen außer Acht lässt (vor allem weil sie in den uralten Marmor des Instinkts gemeißelt scheinen oder auf rudimentäre Funktionen beschränkt werden). Ich nenne diese Erfindungen hier »Technologien«, weil die wunderbare Hommage Ursula Le Guins an alles, was Dinge enthält und zusammenhält – ein Netz, ein Korb, ein geknotetes Tuch –, auf das Territorium ausgedehnt werden könnte. Nicht nur, weil jedes von ihnen für sich genommen ein »Zuhause« darstellt, das Lebewesen wie unter einer Zeltplane versammelt, sondern auch weil jedes Territorium die Masche eines über Raum und Zeit gespannten Netzes bilden könnte.

Um diese Version zuzulassen, mussten sich die Forscher zunächst mit einem schwerwiegenden Problem auseinandersetzen: mit der Bedeutung, den die diversen Theorien der Aggression beimessen.

Kapitel 5

Aggression

Die ersten Forscher waren, wie bereits erwähnt, nachhaltig beeindruckt von der Intensität der Konflikte und der Kampfeslust der Vögel. Doch schon früh meldeten einige von ihnen Zweifel am tatsächlichen Gehalt dieser Kämpfe an. Sie merkten, dass sie hauptsächlich theatrale Drohgebärden beobachtet hatten: Gesänge, Balzgehabe, flatternde Flügel, ein aufgeplustertes Gefieder oder Scheinattacken, die manchmal vehement anmuten, aber nur selten dramatische Konsequenzen haben.

Howard hatte sich zu diesem Thema unmissverständlich geäußert: Den Kämpfen sei zu viel Bedeutung beigemessen worden.[1] Ein Vogel kann zum Beispiel in Ruhe nach Nahrung suchen und plötzlich von einem Eindringling gestört werden. Alarmiert unterbricht er seine Futtersuche und läuft oder fliegt auf den Eindringling zu. Zunächst langsam, beschleunigt er, je näher er kommt, sein Tempo und stürzt sich schließlich mit Flügeln und Schnabel auf ihn, damit der unliebsame Besucher hinter die Grenze zurückweicht. Jetzt, so Howard, verändere er auf einmal sein Verhalten. Er bleibe gelassen auf seiner Seite der Grenze, als wollte er Wache halten, und zeige keinerlei Interesse mehr an dem, den er Sekunden zuvor noch so heftig attackiert hatte. All die beobachteten Konflikte, schreibt Howard, zielten offensichtlich nicht auf eine Niederlage des Eindringlings, sondern wollten ihn lediglich aus einer bestimmten Position vertreiben. Die Streitigkeiten begännen durchweg mit einer Grenzüberschreitung und endeten, sobald der Eindringling wieder auf seiner Seite sei. Außerdem häuften sich die Konflikte bei der Gründung von Territorien, also in Momenten, in denen es leichter zu Übergriffen komme.

Für Howard erklärt sich der Rückzug des Eindringlings immer nur aus dessen Angst oder Erschöpfung, sodass die ihm zugefügten Verletzungen nicht überbewertet werden sollten. Diese Konflikte seien harmlose Zankereien ohne weitere Folgen. In den meisten Fällen seien sie rein formaler Art, »Überbleibsel älterer Konfliktsituationen, die für das Überleben der Art entscheidend waren«. Angst und Erschöpfung seien im Übrigen nicht die einzigen Faktoren, die Art und Intensität der Kämpfe bestimmen: Das ausschlaggebendste Element sei die Position. Die Intensität oder Schärfe des Angriffs korrespondiere immer mit der Position der kämpfenden Vögel. Deren jeweiliger Standort entscheide also über die Konfliktbereitschaft des Bewohners, was Howard zu der Feststellung bewegt, dass »der Konflikt unter Kontrolle« sei.

Howard erwähnt in dieser Passage interessanterweise die beiden wichtigsten späteren Interpretationen des Aggressionsverhaltens. Erstens seien Kämpfe zwischen den Tieren vor allem formaler Art. Howard stellt die bedenkenswerte Hypothese auf, der zufolge der Vogel überlieferte Verhaltensweisen verwandle und dieser Formalisierung zunutze mache. Zweitens beobachtet er, dass der Angriff immer vom Bewohner ausgeht und je nach der Position des Gegners in seiner Intensität variiert. Die meisten späteren Forscher sollten einer dieser Hypothesen, manchmal auch beiden, folgen. Zahlreiche weitere Beobachtungen deuteten darauf hin, dass das Kampfverhalten eine reine Formsache ist. Im Jahr 1936 etwa war zu lesen, dass bei den territorialen Haubentauchern nur wenige Vögel ein aggressives Verhalten zeigen und die meisten nichts gegen Artgenossen einzuwenden haben, die sich ihren Nestern nähern. Bei seiner Beobachtung von Rotkehlchen stellte David Lack 1939 fest, dass die Begegnungen zwischen rivalisierenden Männchen nicht in herkömmliche Kämpfe, sondern in Gesang mündeten. Nach Lack zeichne sich das Verhalten dieser Vögel durch formale und psychologische Kampfhandlungen aus – und das, obwohl den Rotkehlchen der Ruf vorauseilte, in Bezug auf ihr Territorium besonders kompromisslos zu sein. Wie schon erwähnt, betonte auch Margaret Nice, dass sich die Vehemenz der Manifestationen umgekehrt proportional zur Ernsthaftigkeit der Begegnung verhalte.

Die andere Hypothese, der zufolge der Kampf kontrolliert verlaufe und aufhöre, sobald sich der Eindringling zurückzieht, sollte nicht nur zahlreiche empirische Bestätigungen finden, sondern um andere Beobachtungen bereichert werden. Territorialkonflikte mögen oft erbittert wirken, doch sie fordern im Allgemeinen kaum Opfer. Damit nicht genug: Paradoxerweise ist der Ausgang der Streitigkeiten immer leicht voraussehbar. Nur selten gewinnt der Eindringling. In der überwiegenden Mehrheit der Territorialkonflikte, schreibt Thomas MacCabe 1934, liege die Macht, zu gewinnen, auf der Seite desjenigen, der seine Grenze verteidigt, sei es durch Gewalt, Mimik oder Stimme. Margaret Nice kommentiert diese Hypothese mit einer Parallele zu den Menschen: Das englische Sprichwort *Possession is nine points of the law* (Besitz ist neun Zehntel des Gesetzes) besage, dass der Besitz für den Eigentümer leichter zu beanspruchen sei als für den Nichteigentümer. Der Anspruch des Eigentümers hätte demnach neunmal so viel Gewicht wie der aller anderen.[2]

Ende der 1930er Jahre bestätigten Konrad Lorenz und Nikolaas Tinbergen diese These: Der Verteidiger kämpfe immer heftiger als der Eindringling und erleide nur selten eine Niederlage. Dabei handele es sich um den sogenannten *home cage effect*, dem zufolge der »Eigentümer des Käfigs« gegenüber einem späteren Ankömmling stets die Oberhand behalte. Tatsächlich wurden unzählige Tiere – angefangen bei Pavianen, über Heerscharen von Mäusen und Vögeln bis hin zu Fischen – dem Experiment der Territorialverteidigung unterzogen: Die Forscher brachten sie in Käfigen, beengten Räumen oder Aquarien unter, bevor sie ein paar Stunden später einen unglücklichen Artgenossen einschlossen, der buchstäblich nicht wusste, wohin mit sich. Das bereits ansässige Tier legte, sobald sich der als Eindringling ausgewiesene Neuankömmling zeigte, ein als dominant gewertetes Verhalten an den Tag; das andere Tier hingegen zeigte sämtliche Zeichen von Unterwerfung. Diese Konsequenzen waren so eindeutig an die Erstinanspruchnahme des Raums gebunden, dass man nur wenig später die entgegengesetzte Situation mit denselben Tieren nachspielen konnte, indem man sie in der umgekehrten Reihenfolge den Raum einnehmen ließ. Zahlreiche solcher Experimente mit

Vögeln vermochten zu bestätigen, dass der Verteidigungsreflex des Bewohners der Aggressivität des Eindringlings stets überlegen ist. 1939 berichtete Hugh Shoemaker in einer Studie über die Dominanz bei Kanarienvögeln, dass ein auf einem neutralen Terrain defensiv auftretender Vogel in seinem eigenen Territorium dominant wird. Ein Jahr später untersuchte Frederick Kirkman, wie sich das engere Zusammenlegen von Lachmöwen-Nestern, die normalerweise fünfundvierzig Zentimeter voneinander entfernt sind, auswirkt. Er beobachtet, dass die Kampfeslust die Seite wechselt, je nachdem ob die jeweilige Möwe die Rolle des Eigentümers oder des Eindringlings spielt. Während sie sich aggressiv und selbstsicher gibt, wenn die Annährung in ihrem eigenen Revier stattfindet, wird sie schüchtern und zögerlich, sobald sie sich auf dem fremden Territorium ereignet. In seinem Buch über das Aggressionsverhalten beschreibt Konrad Lorenz eine Konstante bei den Territorialkonflikten: Das Individuum kämpfe sehr viel erbitterter, wenn sich der Kampf auf seinem eigenen Territorium abspiele. Außerdem verteile sich die »Kampfeskraft« nicht gleichmäßig über den verteidigten Raum: Seitens des Bewohners nehme sie zu, je näher der Eindringling dem Mittelpunkt seines Territoriums komme. Und umgekehrt nehme sie bei Letzterem ab, je weiter er sich vorwage. Demnach gebe es von diesem Mittelpunkt aus betrachtet so etwas wie einen Kraftgradienten, auf den die Affekte sämtlicher Protagonisten bezogen seien.

An dieser Stelle drängt sich mir eine Frage auf: Warum stürzen sich die Tiere überhaupt in einen Konflikt, wenn dessen Ausgang derartig absehbar zu sein scheint?

Zunächst einmal sind »wir« diejenigen, die diesen Ausgang als absehbar einschätzen. Und zwar deshalb, weil sich zahlreiche Beobachter aufgrund einer eindrucksvollen empirischen Datenfülle – insgesamt circa hunderttausend Bobachtungsstunden – in dieser Feststellung einig sind. Die Vögel selbst haben hingegen keinerlei Grund, die gleichen Vorhersagen anzustellen wie wir. Zumindest am Anfang nicht. Denn gleichzeitig kann kein Zweifel daran bestehen, dass sie aus ihren Erfahrungen lernen – in diesem Fall ist das Rätsel nicht zu lösen. Natürlich steht nie alles hundertprozentig im Voraus fest, und der versuchte Kampf, bei dem es nicht viel zu verlieren gibt, hat etwas von einer Wette. Vielleicht sind die Vögel für Unvorhersehbares aufgeschlossen, für die Vorstellung, dass jede Situation zunächst offen ist. Vielleicht sind sie aber auch stur, wie all unsere anstrengenden Mitmenschen, die nicht an die Logik von Vorhersagen glauben.

Doch die Frage »Warum machen sie das überhaupt, wenn der Ausgang doch so absehbar ist?« ist möglicherweise nicht die richtige, weil sie auf einer ganzen Reihe von Voraussetzungen zur Rivalität, zum Raum und zur Raumverteilung beruht. Im Laufe meiner Studien habe ich mich immer darüber gewundert, dass die Forscher zum einen die Ansicht vertraten, dass diese Konflikte bloße Zankereien seien, Gesang und Verstellungsmanöver die Kämpfe ersetzten und der Eindringling nur selten gewinne; dass sich dieselben Forscher aber gleichzeitig darauf versteiften, die Kosten und Nutzen jener Konflikte zu berechnen, indem sie als Nutzen die Aneignung und als Kosten die Verletzungen, Risiken und die im Streit vergeudete Energie veranschlagten. Hier tut sich in meinen Augen ein Widerspruch auf.

Bekanntlich basierten viele Wirtschaftsmodelle, die sich mit der Verteilung der Tiere im Raum befassten, auf der Theorie der Populationsregulierung. Wie Judy Stamps und Vish Krishnan konstatieren, gründen diese Theorien jedoch auf einer Fehlannahme: dass der beim territorialen Erwerb anvisierte Raum in jeder Hinsicht unteilbar sei.[3] Ihnen zufolge sei die Tatsache, dass viele Forschungen zur Territorialität (vor allem bei Fischen) im Labor, in stark umgrenzten Räumen, stattgefunden hätten, höchstwahrscheinlich zumindest teilweise für diese Raumauffassung verantwortlich. Die Methoden, bei denen die Forscher die ursprünglichen Bewohner aus dem Verkehr zogen, um herausfinden zu können, wie schnell sie ersetzt werden, haben in gewisser Weise die ihnen zugrunde liegende Vorstellung legitimiert: Jedes Territorium kann im Falle einer radikalen Enteignung seines Bewohners erobert werden. Tatsächlich gründen die Methoden, die diese Theorie untermauert haben, auf der aktiv betriebenen Beseitigung des Bewohners. Doch selbst wenn ein Vogel im Laufe eines Konflikts Raum gewinnt, was durchaus vorkommen kann, zieht dieser »Sieg« de facto nicht die Beseitigung des vertriebenen Rivalen nach sich. Genau das aber ist bei jenen Methoden der Fall. Dabei geht es bei den Konflikten von Vögeln im Allgemeinen nicht um alles oder nichts. Da der Raum eine teilbare Ressource ist, handelt es sich meistens eher um die Aneignung einzelner Stücke des Territoriums. Was sich an den Grenzen abspielt, sollte dem britischen Evolutionsbiologen und Genetiker John Maynard Smith zufolge eher als Geschacher und Verhandeln gewertet werden, nicht als Konflikt, aus dem ein einsamer Sieger hervorgeht. Selbst wenn Letzteres der Fall wäre – was extrem selten ist – und der Eindringling dem Bewohner auf Dauer das Bleiben verleidet, verschwindet dieser nie endgültig. Nur wenn die Forscher sich einmischen, ist der Ausgang derart dramatisch.

Nehmen wir das Beispiel von Forschern, die in das territoriale Spiel eingreifen wollten und zu diesem Zweck einen Bewohner aus dem Territorium entfernt haben. Anstatt ihn zu töten, hielten sie ihn zunächst gefangen und ließen ihn wieder frei, nachdem ein Neuankömmling sein Revier besetzt hatte. Was die unmittelbaren Folgen des Konflikts betraf, stellten sie fest, dass es dem ursprünglichen Bewohner nicht gelang, die Kontrolle über sein Revier zurückzuerobern, und alle diesbezüglichen Versuche im Verlauf eines Tages scheiterten. Langfristig aber – Beletsky und Orians etwa kehrten in den darauffolgenden Wochen zu ihrer Beobachtung der Rotflügelstärlinge zurück – sahen sie, dass 86 % der Bewohner schon zwei Wochen später ihr gesamtes Territorium zurückerobert hatten und weitere 4 % zumindest ein kleines Stück. Stamps und Krishnan, die diese Forschungen zusammenfassen, schlussfolgern, dass ein erfolgreich beendeter Konflikt in diesem Prozess keine wesentliche Rolle spielt.

Diese und weitere Beobachtungen erfordern offenbar eine andere Erklärung, um das Rätsel der scheinbar so absehbaren Kämpfe zu erhellen. Manche Beobachtungen deuten darauf hin, dass es besonders entschlossenen Vögeln hin und wieder gelingt, dem Bewohner eine Parzelle abzuluchsen und somit ein Stück Territorium innerhalb eines bereits okkupierten Raums zu gewinnen. Tatsächlich ließ sich beobachten, dass manche Vögel eine bemerkenswerte Hartnäckigkeit an den Tag legen, um den Bewohner zu provozieren, dass sie regelmäßig verscheucht werden und dennoch unbeirrt bleiben. Dabei ist dem Bewohner eine zunehmende Entmutigung anzumerken – dies alles letztlich ohne realen Konflikt, sondern aufgrund einer der ältesten Kampfstrategien: dem sogenannten »Zermürbungskrieg«.[4] Es gilt also nicht unbedingt, den Bewohner zu verjagen, sondern ihn mithilfe einer subtilen Entmutigungstaktik dazu zu bewegen, etwas Platz abzutreten.[5]

Das würde wiederum bedeuten, dass sich zumindest manche Vögel auf eine Weise im Raum arrangieren, die kaum etwas mit den weiter oben zitierten Regulierungstheorien zu tun hat: Sie verhandeln vielmehr um seine Teilbarkeit und passen sich neuen Aufteilungen an. Huxley, der die Territorien mit elastischen Scheiben verglichen hatte, die sich bis zu einem gewissen Punkt zusammenpressen lassen, hatte in diesem Punkt die richtige Intuition bewiesen.

Doch räumt die Antwort, die Stamps und Krishnan uns zur Ursache dieser Konflikte anbieten, mit unserer Frage auf? Ich denke nicht. Zum einen, weil sie das Vorkommen solcher Konflikte bei Vögeln, deren Grenzen sehr stabil sind und die diesbezüglich eher unaufgeschlossen wirken, nicht mitberücksichtigen kann. Für diese Vögel muss es einen anderen Grund geben. Zum anderen wirft ihre Antwort eine weitere Frage auf, die so manchen Forscher beschäftigt hat: Könnte es sein, dass die Forderung nach einem Stück Territorium an einem bereits mehrfach aufgeteilten Ort darauf hindeutet, dass die Vögel die Nähe anderer Artgenossen suchen? Selbstverständlich hatten viele Wissenschaftler hier schon eine Antwort parat: Die beliebtesten Orte seien die mit den meisten Ressourcen. Es gehe also nicht darum, sich in der Nähe von Artgenossen zu befinden, sondern am richtigen Ort zu sein. Doch andere Ornithologen zeigten, dass dies nicht immer der Fall und die Sache durchaus komplizierter ist – natürlich die interessantere Hypothese, die im Folgenden eine genauere Betrachtung verdient.

Auch eine weitere Möglichkeit lässt sich ins Auge fassen. Um sie zu prüfen, müssen wir jedoch von anderen Voraussetzungen ausgehen und noch mal auf die Frage der Aggression zu sprechen kommen. Das Territorium markiert bekanntlich Distanzen. Dafür gibt es tausendfache Gründe, die Tendenz zur Aggression ist nur einer von vielen, aber derjenige, der sich bei den meisten Forschern durchgesetzt hat. Das Territorium gilt oft als Schauplatz eines Wettstreits, so zum Beispiel bei Konrad Lorenz, der es von der Aggression bestimmt sieht, die das weitere territoriale Verhalten »verursache«. Für Lorenz dienten Expressivität und Verstellungsmanöver dazu, aggressive Triebe zu kanalisieren und zu ritualisieren, ohne sich dabei vom Grundprinzip der Aggression zu lösen. Man versteht jedoch den scheinbaren Konflikt vollkommen anders, wenn man davon ausgeht, dass die Aggression das Territorium nicht erklärt, sondern umgekehrt bedingt. Mit anderen Worten: Im Territorium findet die Umwandlung aggressiver in expressive Funktionen statt.

Das Spiel eignet sich dafür als treffende Analogie. Niemand wird behaupten wollen, dass die Aggression im Spiel der Tiere per se enthalten sei und nur umgeleitet werde. Die Tatsache, dass sie sich wieder einstellen kann, wenn die Dinge aus dem Ruder laufen, bedeutet nicht, dass sie als aggressiver Trieb bereits vorher vorhanden war, sondern lediglich, dass die Deterritorialisierung in diesem Moment gescheitert ist und folglich ein *Umschalten* stattgefunden hat. Das Spiel macht sich die Formen der Aggression zunutze, aber die Aggression als solche ist weder ein Grund, noch ist sie unbegründet. Es handelt sich um ein »so tun als ob«, um sich selbst genügende Formen – eine Sublimierung, würde Étienne Souriau sagen. Man spricht auch von einer Exaptation: Verhaltensweisen, die in den Beziehungen zwischen Lebewesen einmal eine Funktion hatten, werden nunmehr zugunsten des Spiels in Formen überführt. Insofern ist das Spiel eng mit schauspielerischem Talent verknüpft, auch ein Tier kann gut oder schlecht spielen, schließlich heißen Akteure nicht umsonst auch Schau*spieler*. Sobald man die Tatsache berücksichtigt, dass die aggressiven Funktionen in expressive Formen verwandelt worden sind, muss man Souriau recht geben: Den Sieg trägt nicht der beste Kämpfer davon, sondern der beste Schauspieler. Davon ausgehend lässt sich auch besser nachvollziehen, was Margaret Nice bei den Singammern so treffend als »Rollen« bezeichnet hatte: Rollen, die förmlich von den Akteuren »Besitz ergreifen« (das kennen alle guten Schauspieler, die um die Risiken ihres Berufs wissen), Kräfte, die manchmal die Oberhand gewinnen – nichts anderes passiert, wenn das Spiel aus dem Ruder läuft und die Rolle die Oberhand über das Tier gewinnt; wenn die Aggressivität aus der Form fällt und konkret wird. Vielleicht gibt es im territorialen Verhalten auch etwas, dem man »nicht widerstehen« kann. Die extravaganten oder stereotypen Posituren, die ständig wiederholten Gesänge und zur Schau gestellten Farben bringen nicht nur Kräfte zum Ausdruck – der Zauber des schönen Scheins, raunt Moffat mir zu, ist aus der Ferne wirksam, um seinerseits fernzuhalten –, sondern *aktivieren* sie auch. Der Philosoph Thibault De Meyer vergleicht manche Verzierungen mit Ritualmasken: Sie wirken sich nicht nur auf die anderen, sondern auch auf ihre Träger aus, sie »befähigen sie«, schreibt er. Sie aktivieren Kräfte: »Die Masken schaffen keine Kräfte *ex nihilo*, sie wandeln vielmehr schon vorhandene, still keimende Kräfte um, bringen sie auf eine größere Bühne, tragen sie weiter in andere Territorien.«[6] So lässt sich die Kunst als Spiel begreifen, das keimende Kräfte aufspürt und aktiviert. Umleitung, Aktivierung, Deterritorialisierung im Dienste dessen, was Kunst wird und bei der Territorialisierung unbestritten eine Rolle spielt – Souriau, Deleuze und Guattari, Adolf Portmann, Jean-Marie Schaeffer und viele andere haben diesen Ansatz vertreten.[7]

Die Auffassung dieses expressiven Verhaltens, dieser Gesänge, Posituren und flammenden Choreografien als

Kräfte und Aktivierungen von Kräften führt uns von den Philosophen wieder zu den Ornithologen zurück. Und sie erlaubt mir, die beiden noch offenen Fragen miteinander zu verknüpfen: Was liegt jenen Konflikten mit so absehbarem Ausgang zugrunde und weshalb haben die Vögel offenbar ein Bedürfnis nach Nähe?

Der britische Ornithologe James Fisher hat angemerkt, dass die zutiefst soziale Dimension der territorialen Aktivitäten bisher kaum Beachtung gefunden habe.[8] In der Tat falle es den Biologen bei sogenannten »Erhaltungsaktivitäten« wie der Futtersuche leichter, in Kategorien von Sozialität und Kooperation zu denken. Fisher zufolge sei das Territorium eine soziale Tätigkeit, die eine Kooperation erlaube. Seine Hypothese läuft den meisten der damaligen Theorien zuwider, denn sie basiert auf einem gewagten, von der Ornithologie weitgehend vernachlässigten Postulat, dem zufolge die Vögel »zutiefst soziale Tiere« seien. Mich interessiert hier besonders das »zutiefst«. Die Sozialität ist eine Regel, keine Ausnahme, und sie strahlt auf alles andere aus. Dadurch verändert sich die gesamte Perspektive: Das territoriale Verhalten ist kein aggressives Verhalten mehr, das lediglich um seiner sozialen Dimension willen reguliert werden muss, es ist selbst zutiefst sozial. Ferner habe Fisher zufolge die namentlich von Howard und Huxley geäußerte Idee, dass die Zurschaustellungen aggressiv seien und die Farben der Einschüchterung dienten, diverse Untersuchungen nach sich gezogen; diese hätten allerdings die soziale Dimension des Territorialverhaltens in den Hintergrund gedrängt und dessen eigentliches Wesen als

»großen Austausch *authentischer Zurschaustellungen*« vernachlässigt. In Fishers Ansatz spiegelt sich erneut die Vorstellung eines Territoriums, das von theatralen Absichten durchdrungen wird; eines Territoriums als Bühne für den Zauber des Scheins, für Täuschungseffekte, vor allem aber für die Erscheinungsformen in einem Spiel, das eine besondere Aufmerksamkeit beansprucht. Fisher sollte diesbezüglich eine Ansicht des Ornithologen Frank Fraser Darling aufnehmen: Die angeblichen Kämpfe und vermeintlich aggressiven Gesänge seien in Wirklichkeit »soziale Stimulierungen«. Fraser Darling bezieht sich dabei auf seine Studie zu den in Kolonien lebenden Silbermöwen, die durch die Anwesenheit ihrer Artgenossen stimuliert würden. Ihr Zusammenleben synchronisiere und begünstige die Fortpflanzungszyklen. Wie Allee folgt er hier der Hypothese, dass viele Tiere sich unterhalb einer bestimmten Schwelle nicht mehr fortpflanzen. Doch Fraser Darling geht noch weiter: Die Stimulierungen könnten zwar von der einfachen Anwesenheit anderer Artgenossen bewirkt werden, erführen durch das Territorium aber eine *Intensivierung*. Davon ausgehend formuliert Fraser Darling eine hochinteressante These: Eine der wichtigsten Funktionen des Territoriums der Vögel bestehe im Anlegen »*eines Randgebiets,* sprich, einer Grenze, über die der Vogel ein Verhältnis zu einem Nachbarn unterhält«. Indem sich die Vögel »zusammendrängen anstatt auseinanderzustreben, erschaffen sie sich ein Randgebiet«. Weil das Territorium »einen Ort mit ein oder zwei Aufmerksamkeitspunkten – Nest und Singwarte – nebst einem Randgebiet« umfasst, kann es »zwei konträre Ansprüche miteinander vereinbaren: die Sicherheit und *eine Grenze, an der sich viel ereignet*«.[9] Besagtes Randgebiet ist eine Hochburg des Lebens, ja der Belebung. Ein Ort, an dem die Vögel *aktiv* werden, sowohl im herkömmlichen Sinne als auch in der von Thibault De Meyer vorgeschlagenen Bedeutung. Letzterer spricht auch von »begeisternder Einrichtung«[10]. Indem er sich auf die 1940 von G. Rinkel durchgeführten Beobachtungen zum Kiebitz stützt, erklärt Fraser Darling, dass diese Vögel »Konflikten« nicht nur nicht aus dem Weg gehen, sondern im Gegenteil »sämtliche Gelegenheiten nutzen, um sie aus Gründen der emotionalen Stimulierung sogar zu provozieren«. Das bezeugten zahlreiche Vögel, an deren Grenzgebieten immer Stimmung herrsche. Letztlich sei auch das eine Auswirkung des Territoriums und der theatralisierten Spiele in seinen Grenzgebieten. Die Tiere, folgert Fraser Darling, »haben das Bedürfnis, aus sich hinauszugehen«, denn in ihrer Welt gebe es eine »gegenseitige Responsivität«.

Man könnte also denken, dass diese Konflikte, die scheinbar zu nichts führen, kleine, nur um ihrer selbst willen gespielte Dramen darstellen, die bestimmte Auswirkungen haben. Sie stimulieren die Ausführenden ebenso wie die Adressaten des Spiels. Das Territorium existiert lediglich als Territorialisierung und als Deterritorialisierung, ist immer nur über die ein und aus gehenden Akteure greifbar: Territorien bestehen ausschließlich in Handlungen; sie werden gewissermaßen zum Gegenstand einer ständigen Aufführung, denn neben der theatralischen Darbietung wird immer wieder auch das Leben zur Aufführung gebracht. Diese Aufführungen spielen das Territorium und verwandeln es in einen theatralen Raum, einen Raum, der von Affekten durchzogen ist. Die Konflikte stellen sich gleichsam *in den Dienst* der gesungenen, getanzten, ritualisierten oder farbigen Zurschaustellungen, die nicht nur Ausdruck der Affekte sind, sondern diese auch aktivieren. Und für jenes Spiel, für jene Darbietung, die *Territorium wird*, braucht es mindestens zwei.

Einmal mehr ist das Territorium *Ausdrucksmaterie*, und zwar sozialisierte Ausdrucksmaterie. Genauer gesagt: Die Sozialität wird in den Dienst der Territorialisierung gestellt, sie fügt sich seiner Anordnung und erhält eine neue Funktion. Damit wäre das Territorium, wie von Warder Clyde Allee vorgeschlagen, viel mehr ein ökologisches als ein verhaltensorientiertes Phänomen.

Kontrapunkt

> *Wissenschaftler, die eine Vorliebe dafür haben,*
> *Tieren das beizubringen, was sie am wenigsten gut beherrschen,*
> *müssten wohl ihren eigenen IQ hinterfragen,*
> *wenn sie die geistigen Fähigkeiten von Pavianen*
> *anstatt mit Plastikstücken unterschiedlicher Farbe und Größe*
> *mit einer Reihe von sozialen Fragen testeten.*
>
> George Schaller[1]

Anfang der 1970er Jahre entwickelte sich das Studium von Pavianen zu einem immer umstritteneren Teil der Primatenforschung: Die Wissenschaftler kamen von ihren Feldforschungen mit Beobachtungen zurück, die dem widersprachen, was man bis dahin in Bezug auf die Paviane gedacht und für gesichert gehalten hatte, und die mithin das zugrunde liegende Modell gefährdeten, das jede Paviangemeinschaft mehr oder weniger treu zu illustrieren schien. Tatsächlich gab es das »Modell« einer Paviangemeinschaft mit strikten Dominanzhierarchien, einer wohldefinierten (und weitgehend unbedeutenden) Rolle der Weibchen und einem offenen Wettstreit um die Ressourcen – Elemente, die sozusagen die »spezifischen Invarianten« bildeten.

Doch dieses Modell bröckelte an sämtlichen Enden: Die Primatologin Thelma Rowell zum Beispiel bestätigte, dass die Paviane, die sie seit Anfang der 1960er Jahre in Uganda beobachtete, weder ein Rivalitätsverhalten zeigten noch an Hierarchien interessiert waren und die Weibchen einen viel größeren Einfluss auf die Entscheidungsfindungen hatten als bisher angenommen. Ihrer jungen Kollegin Shirley Strum will es nicht gelingen, das zu sehen, was man ihr zu sehen beigebracht hat. Sie beschreibt eine Gesellschaft, in der das Dominanzverhalten die erwarteten Vorteile nicht einzulösen vermag und die Freundschaft mit den Weibchen für die Männchen ein wichtiges Plus ist. Wie lassen sich solche Unterschiede in der gesellschaftlichen Organisation innerhalb *derselben* Art erklären?

Die beunruhigende Vielfalt gab zunächst zu Hypothesen Anlass, die den Wissenschaftlern ihre Seriosität absprachen: Womöglich seien ihre Subjektivität und die methodischen Unterschiede für die konstatierten Abweichungen verantwortlich; außerdem seien die Nachforschungen vermutlich noch zu rudimentär, langfristig aber dürfe man sich eine größere Kohärenz erhoffen. Manche wagten den Gedanken, die ökologischen Bedingungen könnten für das Abweichen der Gemeinschaften von der Norm verantwortlich sein – und ließen damit auch ihrerseits die vermeintliche Norm unangetastet.

Der Philosoph Bruno Latour sollte eine andere Hypothese aufstellen: Das diesen Forschungen zugrunde liegende soziologische Paradigma sei unfähig, die Wandelbarkeit der Paviangemeinschaften zu berücksichtigen, weil es auf einer Definition der Gesellschaft als vorgefertigte Form gründe, der sich die Individuen nur anzupassen bräuchten – gewissermaßen eine ostensive Definition des Sozialen. Diese Form sei umso unveränderlicher, als sie von der Evolution geprägt worden sei. In einem zusammen mit Shirley Strum verfassten Beitrag schreibt Latour: Um zu verstehen, was eine Menschen- oder Affengemeinschaft ausmache, dürfe man nicht von einer sozialen Matrix ausgehen, der sich die einzelnen Akteure anpassten, oder von einem gesellschaftlichen Kontext, den die Soziologen beleuchten; man müsse vielmehr engmaschig das beständige Knüpfen von Verbindungen verfolgen, die ihrerseits Gesellschaft *werden*. Diese Soziologie beruft sich demnach auf eine »performative« Definition des Sozialen, bei der die Akteure für sich und die anderen ständig um das Verständnis ihrer Gesellschaft ringen. Und diese existiert nur, weil sich die einzelnen Mitglieder um ihre Definition bemühen. Man sollte sich weniger mit den bereits etablierten Verbindungen zwischen den Akteuren befassen, als vielmehr die Art und Weise untersuchen, in der die Akteure Verbindungen knüpfen und so das Wesen ihrer Gesellschaft definieren – man sollte das Soziale nicht so sehen, wie es sich ausgebildet hat, sondern so, »wie es sich ausbildet«, um mit dem Philosophen William James zu sprechen. In der Tat lässt sich aus dieser Perspektive heraus verstehen, weshalb Shirley Strum nicht sehen konnte, was man ihr zu sehen beigebracht hatte, und weshalb ihre Paviane sich hartnäckig weigerten, das ihnen aufgezwungene Modell zu illustrieren. Als sie die Paviane zu beobachten begann, überlegte sie zunächst, welche Fragen sich die Tiere stellten, wenn sie mit den anderen in Verbindung traten. Insofern folgte die Forscherin von Anfang an einer performativen Auffassung des Sozialen. Indem sie ihre Fragen an die Paviane herantrug, erfuhr Shirley Strum, dass sie unaufhörlich verhandelten, ihre Artgenossen auf die Probe stellten, die Absichten der anderen vorwegnahmen, dass sie Bündnisse schmiedeten und zu verstehen versuchten, wer mit wem paktierte, und – natürlich –, dass sie die anderen zu kontrollieren, ja zu manipulieren versuchten. Die Antworten, die ihnen das Verhalten der Paviane lieferte, veranlassten Strum und Latour zu folgender Schlussfolgerung: »Da die Paviane unablässig verhandeln, wird der soziale Zusammenhalt in einen Prozess verwandelt, der ihnen zu verstehen hilft, ›was Gesellschaft ist‹.« Mit anderen Worten: »Die Paviane fügen sich nicht in eine stabile Struktur ein, sie handeln vielmehr erst ihre künftige Struktur aus.«[2]

Die Vielfalt der Organisationsformen hängt mithin nicht nur von äußeren Faktoren wie Forschungsbedingungen, ökologischem Kontext oder subjektiven Beobachtern ab: Die Tiere gliedern sich nicht in eine Gesellschaft ein, ebenso wenig wie in eine Hierarchie oder ein bereits bestehendes System aus Bündnissen; sie erforschen und experimentieren vielmehr, wie ihre Gesellschaft aussehen soll. Dafür testen sie unaufhörlich die Verfügbarkeit und die Stabilität der Bündnisse, ohne jemals wissen zu können, welche standhalten werden und welche zum Scheitern verurteilt sind. Aufgrund dieser Erkenntnis arbeiten Bruno Latour und Shirley Strum einen weiteren Kontrast heraus und beleuchten, wie sich Paviangemeinschaften (komplexe Gemeinschaften) von menschlichen Gesellschaften (komplizierte Gemeinschaften) unterscheiden. Die performative Dimension des Sozialen setzt die Frage nach dem geeigneten Vorgehen voraus. »[Ü]ber welche praktischen Mittel verfügen die Akteure, um ihre eigene Definition des sozialen Bandes durchzusetzen«?[3] Versucht man auf diese Frage zu antworten, kristallisiert sich eine Besonderheit der Paviangemeinschaften heraus, deren Akteure kaum über Mittel zur *Vereinfachung* verfügen. In *komplizierten* Gesellschaften gibt es viele solcher Mittel: Menschliche Gesellschaften können auf Symbole und materielle Ressourcen – Verträge, Kautionen, Institutionen, Technologien, Terminkalender, schriftliche Vereinbarungen – zurückgreifen, die bestimmte Faktoren stabilisieren und konstant halten; darüber hinaus erlauben sie den Akteuren, manche Dinge, Tatsachen und Eigenschaften als *gesichert* zu betrachten.

Paviane wiederum müssen unaufhörlich nachforschen und verhandeln, um ihre Ziele zu erreichen. Auch wenn in ihrem Sozialleben bestimmte Charakteristika wie Alter, Verwandtschaftsgrad oder Geschlecht ausgewiesen sind, müssen sie die meisten Eigenschaften, mit denen sie das Verhalten der anderen voraussagen können, in ihren Beziehungssystemen immer wieder neu verhandeln. Aufgrund dieser Tatsache leben Paviane eine komplexe Sozialität, was bedeutet, dass ihre Lösungen für soziale Konstruktionen und Wiedergutmachungen stets nur provisorisch sind. Anders gesagt, stehen ihnen zum Verhandeln nur ihr Körper, ihre Sozialkompetenz und ihre selbsterfundenen Strategien zur Verfügung.

In einem älteren Text wollte Gilles Deleuze die Instinkte und Institutionen als Antwort auf das gleiche Motiv verstanden wissen: Es seien »organisierte Formen einer möglichen Befriedigung«.[4] Die Institution, schreibt er, »präsentiert sich immer als eine organisierte Form von Mitteln«. Der sexuelle Drang wird in der Ehe befriedigt, und ebenso »erspart die Ehe die Suche nach einem Partner, weil sie andere Anforderungen stellt«. Diese Definition hat den Vorteil, die Gesellschaft, die auf originelle Mittel der Befriedigung sinnt, als »erfindungsreich« und die Institution als positiv darzustellen: Während das Gesetz das Handeln einschränkt, ist die Institution also ein positives Handlungsmodell. Die Gesellschaft ist erfindungsreich, weil die Institution den Drang verwandelt, indem sie Mittel zu seiner Befriedigung erfindet; und weil die Institution sich gleichzeitig nicht aus dem Drang erklären lässt: »Die gleichen sexuellen Bedürfnisse können nie all die unterschiedlichen Formen der Ehe erklären (...). Die Brutalität erklärt keineswegs den Krieg; und doch findet sie in ihm ihr bestes Mittel.« In *Tausend Plateaus* sollte Deleuze, diesmal in Bezug auf das Territorium, eine ganz ähnliche Sicht vertreten. Wie wir gesehen haben, behaupten Deleuze und Guattari dort in Abgrenzung zu Konrad Lorenz, dass die Aggression das Territorium voraussetzt, es aber nicht erklärt.

Ich gehe an dieser Stelle nicht weiter auf den Kontrast zum Instinkt ein, den Deleuze in seinem Text über die Institutionen etabliert. Doch ich würde gern auf die Vergleichbarkeit beider Analysen – Institution versus Territorium – verweisen. Zunächst auf die Idee des Erfindungsreichtums, darauf, dass das Bedürfnis ebenso wenig die Institution erklärt wie der Trieb das Territorium. Letzteres ist vielmehr eine Erfindung, die alle Bedürfnisse und Triebe in etwas anderes überführt. Noch konkreter gesprochen wird das Territorium, in Anknüpfung an die Intuition von Fraser Darling, in den Dienst bestimmter sozialer Handlungsmöglichkeiten gestellt. Die zweite Idee, die die des Erfindungsreichtums verdeutlicht, betrifft den Modellcharakter der Institution. Das Territorium könnte eine ähnliche Rolle spielen. Der Begriff »Modell« folgt hier nicht dem herkömmlichen Sinn – wie zum Beispiel das *Modell* der Paviangemeinschaften, das bestimmte Vorgaben macht –, er nimmt vielmehr eine aktive, positive und performative Bedeutung an: Die Institution ist, wie Deleuze schreibt, »eine soziale Aktivität von Modellen«, die »die Umstände in ein Prognosesystem«[5] integrieren, um Projekte planen und umsetzen zu können.

Sicher, das Territorium ist keine Institution im eigentlichen Sinne, aber es könnte als vorausschauende Erfindung, die bestimmte Dimensionen und Merkmale zu stabilisieren vermag, durchaus eine den Institutionen vergleichbare Rolle spielen. Gewissermaßen fungiert das Territorium in einer komplexen Gesellschaft also wie bei den Vögeln als Erfindung, die eine Vereinfachung der Komplexität erlaubt, indem sie einen Teil des Soziallebens stabilisiert und ihren Akteuren ermöglicht, gelegentlich das Verhalten der anderen vorherzusehen.

Wenn sich diese Analogie als zutreffend erweist, könnte das Territorium eine Rolle spielen, die dem von Shirley Strum beobachteten Aufbau der Hierarchie bei den Weibchen der Anubispaviane ähnelt: Die Forscherin spricht dort von einer »Struktur«. Im Alltagsleben der Paviane erfordern die sozialen Transaktionen einen permanenten Einsatz. Die soziale Körperpflege, wie etwa das Lausen, kann einen Teil dessen erfüllen, was sich als Beziehungspflege und Knüpfen von Bündnissen oder Freundschaften bezeichnen ließe, ist allerdings in Bezug auf die Anzahl der möglichen Partner stark eingeschränkt. Die sozialen Kosten und der mit dem Leben in der Gemeinschaft verbundene Stress wären Shirley Strum zufolge extrem hoch, könnte ein Tier seine Beziehungen zu den anderen nicht im Voraus einschätzen. Wenn die Tiere sich durch beständiges Verhandeln einen Ort zum Fressen oder Ruhen erkämpfen oder vorab klären müssten, wohin sie gehen, wem sie sich nähern dürfen und von wem sie sich besser fernhalten sollten, würde das soziale Leben gelähmt. In diesem Fall bliebe den Tieren keine Zeit mehr für die Befriedigung ihrer Grundbedürfnisse und, so ergänzt Shirley Strum, keine Energie, um sich neuen Herausforderungen zu stellen. »Da die Komplexität eine große Bandbreite an Optionen bietet, ist es nicht überraschend«, schreibt sie, »dass die Individuen einer Gruppe sich in Bezug auf das, was zu tun ist, uneinig sind. Diese Unstimmigkeiten wollen aufgelöst werden, weil sich die Gruppe zusammen fortbewegen und einmütig handeln muss; und für diese Auflösung sind Verhandlungen nötig. Die Tatsache, mit den Konsequenzen der sozio-ökologischen Komplexität zurechtkommen zu müssen, ist für die Paviane also eine ernstzunehmende tägliche Herausforderung.«[6]

Die Hierarchie der Weibchen wäre in dieser Perspektive »eine als Primärstruktur gewählte Struktur«. Sie hilft, die Beziehungen zu stabilisieren, zu wissen, was man von den anderen erwarten kann beziehungsweise welches Verhalten von einem selbst erwartet wird, und sie hilft, die möglichen Bündnisse und ihre Verlässlichkeit einzuschätzen. Das konservative Wesen der Weibchen, fügt Strum hinzu, »trägt dazu bei, diese Hierarchie verhältnismäßig stabil und voraussehbar zu machen«.[7] Davon zeuge etwa die Tatsache, dass ein Pavianmännchen, das einen Konflikt verliert, einen ganzen Tag oder sogar eine ganze Woche lang dessen Ausgang anfechten könne. Ein Weibchen in einer vergleichbaren Situation zweifle hingegen nur selten das Ergebnis an. Trotzdem sei die Hierarchie der Weibchen nicht absolut unveränderlich, es gebe zum Beispiel Anpassungen zwischen Müttern und Töchtern, die sich allerdings nicht auf die übrige Gruppe auswirkten. Wenn sich jedoch in der allgemeinen Hierarchie der Weibchen Veränderungen ergeben, kommt es Strum zufolge manchmal zu heftigen Aggressionen, in die nach und nach die ganze Gruppe involviert wird. Gelegentlich wird das Leben der Gruppe dadurch für mehrere Tage lahmgelegt, und die Instabilität wirkt sich wochen- oder sogar monatelang auf das Miteinander aus. Diese Brüche zeigen umso deutlicher, wie wichtig eine stabile, voraussehbare Struktur ist, die den Pavianen die Organisation ihres Alltags erleichtert.

Die Hierarchie wäre demnach also nicht, wie von zahlreichen Wissenschaftlern behauptet, ein genetisches Merkmal, sondern eher ein Transaktionsprinzip. »Die Bedeutung der Struktur erschließt sich intuitiv, sobald die Komplexität und die Prozesse ernst genommen werden. In biologischen Systemen wie in menschlichen Gesellschaften reduzieren die Strukturen die Ungewissheit, vermindern die kognitiven Dissonanzen, knüpfen Beziehungen und begünstigen den sozialen Austausch.«[8]

Aus den letzten Seiten dürfte sich erschlossen haben, dass ich nicht viel von Analogien halte und auf keinen Fall den Eindruck erwecken möchte, dass ich Paviane mit Vögeln vergleiche. Vögel sind keine Paviane, zumal sich zu Letzteren nur wenig Allgemeines sagen lässt, höchstens vielleicht, dass alles, was wir über sie zu wissen meinen, stark davon abhängt, welche Fragen wir an sie herantragen. Sie sind keine Modelle – weder für sich noch für uns noch für die Vögel –, aber sie können Modelle schaffen, um auf die Herausforderungen des Lebens in der Gesellschaft zu antworten. Von der Beschäftigung mit ihnen erwarte ich im Grunde nichts anderes als von der mit den Vögeln: Ich wünsche mir, dass sie unsere Vorstellungswelt für andere Denkweisen öffnen, dass sie mit routinierten Mustern brechen und die Wirkung bestimmter Aufmerksamkeitsformen spürbar machen. Was möchte man in dem, was man beobachtet, als bemerkenswert herausstellen, um anderen Geschichten Raum zu geben? Natürlich ist es schwerer, Vögel an diesen Geschichten teilhaben zu lassen als Paviane – die Macht der instinktiven Erklärungen, die Versuchung, sich auf organische Veränderungen zu beziehen, sowie ihr Status als Nicht-Primaten und Nicht-Säugetiere macht die Dinge komplizierter. Dabei sollte man allerdings nicht übersehen, dass die Situation auch in Bezug auf die Paviane nicht einfach war. Was wir heute über sie wissen, darf uns nicht vergessen lassen, dass Paviane bis in die 1970er Jahre, wie Shirley Strum sagen würde, nur »sehr wenige Optionen« hatten und angeblich starren Determinismen gehorchten, die ihnen kaum Spielraum ließen. Die Tatsache, dass sie uns heute als »Soziologen im Pelzmantel«[9] erscheinen können, hat viel Arbeit, Fantasie und vor allem andere Aufmerksamkeitsformen erfordert.

Dennoch haben auch die Vögel gewisse Vorteile genossen. Zum einen hatten sie nie die schwere Bürde zu tragen, unsere Herkunft zu veranschaulichen und als Menschheitsmodell dienen zu müssen.[10] Zum anderen haben die Ornithologen, wie bereits erwähnt, schon sehr früh einen komparativen Ansatz gepflegt, der sie für die Vielfalt an Organisationen sensibilisiert hat. Übrigens lässt sich eine wachsende Spannung konstatieren zwischen der Absicht, die Tatsachen mithilfe einer Theorie zu vereinheitlichen, und der Erkenntnis einer ausgeprägten Wandelbarkeit, der eine Theorie höchstens lokal gerecht werden kann. Schließlich darf man auch den unerhörten Übermut der Vögel nicht verkennen, ihren Erfindungsreichtum sowie ihre bemerkenswerte Fähigkeit, die Bedeutung des Territoriums und die ihr zuarbeitende Schönheit spürbar zu machen. Auch das mag sich günstig auf eine gewisse Aufmerksamkeit und Vorstellungskraft ausgewirkt haben. Die dafür aufgeschlossenen Forscher haben dementsprechend Räume – manchmal auch nicht minder wichtige Zwischenräume – für Geschichten geschaffen, die weniger deterministisch sind und Vögeln wie Beobachtern einen größeren Spielraum zugestehen: Geschichten, die der Versuchung von Modellen widerstehen.

Kapitel 6

Polyfone Partituren

Der Architekt Luca Merlini behauptete, die Architektur bilde die Form der menschlichen Beziehungen ab.[1] In ihrem Buch *Die schweigende Welt* berichten Jacques-Yves Cousteau und Frédéric Dumas, dass sie im Wasser vor der Insel Porquerolles auf eine Oktopus-Siedlung gestoßen seien.[2] Dort sehen sie richtige Villen, darunter eine mit einem breiten Stein als Flachdach und einem Türsturz aus Steinen und Ziegeln, vor deren Eingang sich eine Art Umgebungsmauer aus Ziegeln, Flaschen- oder Tonscherben, Muscheln und Austernschalen befindet. Seitdem sind weitere Siedlungen entstanden. 2009 wurde in der Jervis Bay im Südosten von Australien eine auf den Namen Octopolis getaufte »Stadt« entdeckt und in jüngster Zeit unweit davon eine andere namens Octlantis. Bisher hatte man Kraken eher für Einzelgänger gehalten. Doch offenbar sind sie in der Lage, ihre Gewohnheiten zu ändern beziehungsweise sich mit neuen Angeboten ihres Milieus zu arrangieren. Der Spezialist für Tierarchitektur Mike Hansell spricht in diesem Fall von einem »ökologischen Weg«, um der Tatsache Rechnung zu tragen, dass die von den Tieren vollzogene Verwandlung des Milieus bei eben jenen Tieren wiederum neue Gewohnheiten, Vorgehensweisen, Lebens- und Organisationsformen bewirkt.[3] Die Kraken haben Formen geschaffen, die einer im gleichen Atemzug geschaffenen Gesellschaft Gestalt verleihen. Unter diesem Gesichtspunkt wären die Territorien also Formen, die soziale Verhaltens- und Organisationsweisen ausprägen.

Wie wir gesehen haben, können Territorien an der Paarbildung beteiligt sein. Ob sie Begegnungen fördern, Körper synchronisieren, psychologische oder physiologische Rhythmen aufeinander abstimmen oder Beziehungen zusammenschweißen – die Territorien sind, wie Étienne Souriau es in Bezug auf ein Meisennest formuliert, »Vermittlungswerke«. Dieses Nest sei nicht nur ein Liebeswerk, sondern selbst »liebesfördernd«, da sich die Partner bei seiner Konstruktion ineinander verliebt hätten.[4] Die Territorien wären demnach Formen, die Affekte, Beziehungen und interne Organisationsweisen hervorrufen und ausprägen. Das zumindest könne man aus der Beobachtung bestimmter Vögel schließen, die ihre Partnerschaftssysteme dem gewählten Territorium anpassen.

Bei den Heckenbraunellen – es ließen sich auch andere Beispiele anführen, aber ich muss gestehen, dass ich ein Faible für die Braunellen habe[5] – gibt es die unterschiedlichsten Paarkonstellationen: Monogamie, Polyandrie, Polygamie oder Polygynie. Wenn das Weibchen sich einen weitläufigen Lebensraum sucht, ist dieser schwerer zu verteidigen. Oft verbünden sich die Männchen untereinander, und die Polyandrie bildet die vorherrschende Konstellation; ist der Lebensraum beengt, beobachtet man hingegen eher polygyne Formen. Die Lebensräume der Weibchen sind immer exklusiv, die der Männchen hingegen überschneiden sich, wenn sie mit demselben Weibchen zusammenleben, und sie verteidigen sie gemeinsam. Wenn ein

Weibchen einen Lebensraum gründet, nähert sich das Männchen und fliegt singend um das Weibchen herum. Den Beobachtern zufolge erkundet das Männchen auf diese Weise den Lebensort des Weibchens, steckt vor allem aber ein *Singterritorium* in dessen Umkreis ab. Wenn das Weibchen bereit ist, sich im gesungenen Revier eines einzigen Männchens niederzulassen, bleibt das Paar monogam. Es kann sich jedoch ebenso gut auf zwei Singterritorien begeben, was zwangsläufig zu Konflikten zwischen den beiden Männchen führt, die sich, jeder von seinem Territorium aus, zunächst gegenseitig verfolgen. Nach einer Weile besänftigen sich die Konflikte allerdings, weil beide Männchen offenbar den jeweiligen Eindringling akzeptieren: Es bildet sich eine Dominanzordnung heraus, und das Territorium wird ein gemeinsames. Die beiden Männchen scheinen gut miteinander auszukommen und singen sogar auf derselben Sitzwarte. Die Streitigkeiten flammen jedoch wieder auf, wenn das Weibchen zu brüten beginnt, was Nicholas Davies und Arne Lundberg zufolge auf »Unstimmigkeiten in Bezug auf die Aufteilung der Begattungen«[6] verweise. In einem der beobachteten Fälle erwies sich ein junges Männchen beim Umkreisen des Territoriums eines Bewohners als besonders hartnäckig. Nachdem es mehrfach verjagt worden war, wurde es irgendwann von dem älteren Männchen akzeptiert. Ebenso konnte man beobachten, dass sich das Männchen eines der beiden monogamen Nachbarpärchen zu dem anderen Pärchen vorwagte und zu singen begann, ohne auf nennenswerten Widerstand zu stoßen. Nach ein paar Tagen wurde es auf beiden Territorien zum Alphatier, während sich das zweite Männchen in die untergeordnete Rolle fügte. Die Braunellen weisen insofern ein besonderes Verhalten auf, als das Weibchen unabhängig vom Männchen seinen Lebensraum auswählt und einrichtet: im Gegensatz etwa zu den Rotkehlchen, wo sich das Weibchen im Allgemeinen auf einem bereits von einem Männchen begründeten Territorium niederlässt und ihm in der ersten Zeit – vermutlich, um die Grenzen des Territoriums zu verinnerlichen – überallhin folgt. Die Geschlechterverteilung ist bei den Braunellen stark von der hohen Sterblichkeit der Weibchen geprägt. Insofern sind theoretisch sehr viele Männchen zum Alleinleben verurteilt. Doch die Braunellen haben ein äußerst flexibles Organisationssystem mit polyandren Elementen oder Einmischungen eines Männchens in bereits existierende Paare ausgeklügelt. Insofern verleiht das Territorium verschiedenen Paarkonstellationen Gestalt, was nicht bedeutet, dass es sie determiniert: Es stellt lediglich eine Form dar, mit der die Vögel sich arrangieren – eine Art formales Angebot.

Wenn man jedoch berücksichtigt, dass das Territorium nicht nur innerhalb seiner Grenzen Beziehungen knüpft, sondern darüber hinaus auch zu anderen, könnte es in Anlehnung an die Oktopus-Siedlungen durchaus auch eine »begründende Funktion« haben. Von diesem Standpunkt aus wären die Territorien Formen, die soziale Beziehungen, ja sogar eine Gesellschaft hervorbringen. Formen, die in den meisten Fällen die Gesellschaft erneuern, wenn diese mit neuen Herausforderungen in den Bereichen Paarung oder Fortpflanzung konfrontiert ist. Hier möchte ich daher ein zweites Mal den treffenden Ansatz von Fraser Darling zitieren und auf einem seiner Begriffe insistieren: Das Territorium sei ein »Ort mit ein oder zwei Aufmerksamkeitspunkten – Nest und Singwarte – nebst einem Randgebiet«. Der Ausdruck »Randgebiet« betont in der Tat eine entscheidende Dimension der Territorien, die stets *aneinandergrenzen*. Nie oder nur in Ausnahmefällen findet man ein Territorium »mitten im Nirgendwo«. Territorien werden immer von anderen Territorien umgeben, sie sind stets *benachbart*.

Schon früh haben die mit der Analyse der Territorien befassten Forscher die Hypothese geäußert, dass die Vögel voneinander angezogen würden, was das Phänomen erklären könnte, das Allee als »ansteckende Verteilung«[7] bezeichnet. Vor allem für jene Autoren, die der Frage von Rivalität und Aggression nachgingen, tat sich damit ein Paradox auf: Die Rivalität würde den Abstand zwischen den Artgenossen rechtfertigen, das Aggressionsverhalten würde ihn aufrechterhalten. Die Nähe wäre demnach *nur* eine opportunistische Entscheidung, um die besten Plätze zu besetzen, mit der Folge, dass diese saturiert wären – was die Rivalität erst recht legitimieren würde. Es ist übrigens durchaus denkbar, dass der Eindruck eines saturierten Habitats die Hypothese der Populationsregulierung begünstigt hat.

Berücksichtigt man jedoch die theatrale Funktion des Aggressionsverhaltens sowie die Tatsache, dass die Herausforderungen nicht oder nicht nur »ökonomische« sind – wie Margaret Nice bezüglich der Singammern schreibt –, könnte die Nähe anderen Forschern neue Rückschlüsse erlauben. 1937 beobachtet Nice, dass die Singammern ihre Territorien so anlegen, dass sie ein Cluster bilden – in einer von einem Mittelpunkt ausgehenden traubenförmigen Anordnung. Schon früh wurden in Nordeuropa vergleichbare Beobachtungen angestellt. Den dortigen Forschern zufolge schien die Anziehungskraft durch Artgenossen die Wahl der Territorien bestimmt zu haben. Die Neuankömmlinge würden vom Gesang ihrer Artgenossen angelockt und siedelten sich bevorzugt in der Nähe bereits etablierter Bewohner an. Manche Wissenschaftler bemerken, dass sich die Neuankömmlinge gelegentlich mit weniger vorteilhaften Territorien begnügen, wenn diese an bereits okkupierte Reviere angrenzen. Natürlich lässt sich aus menschlicher Warte nur schwer beurteilen, was ein optimales Territorium ist. In diesbezüglichen experimentellen Laborversuchen ist es zwar gelungen, die Bedingungen zu vereinheitlichen, sie können jedoch nicht als zuverlässig gelten. Allee stellte fest, dass viele Arten sich nur unter Laborbedingungen, nicht aber in der freien Natur, zusammenschließen, und dass sich umgekehrt diejenigen Tiere, die sich draußen spontan zusammentun, im beengten Laborraum gegenseitig verdrängen.

Davon abgesehen weist Judy Stamps darauf hin, dass es kein Zufall sei, wenn ausgerechnet nördliche Vögel zu dieser Hypothese Anlass gegeben hätten: Sie seien großteils Zugvögel, bei denen die jährlichen Fluktuationen stärker und die Dichteschwankungen ausgeprägter seien als bei den sesshaften Arten. Zum einen sind die Zusammenballungen auffälliger, wenn die ersten Zugvögel zurückkehren und noch viel freier Raum zur Verfügung steht. Zum anderen besteht eine erhöhte Anzahl verfügbarer Territorien, wenn von einem Jahr auf das nächste dieselbe Population aufgrund der Unwägbarkeiten der Vogelzüge rapide dezimiert wird. In beiden Fällen sind die Zusammenballungen also nicht nur offensichtlicher, sondern sie lassen sich auch als freie Entscheidungen interpretieren und nicht als Ergebnis eines äußeren Zwangs wie etwa einer großen Populationsdichte.[8] Diese Hypothese ließe sich bei manchen Arten durch die Tatsache erhärten, dass die Reihenfolge der Aneignung von Jahr zu Jahr variiert. Käme es lediglich auf die Ressourcen an, würden die zuerst Angekommenen systematisch die besten Territorien wählen, die nächsten die zweitbesten und immer so fort. Es lässt sich jedoch feststellen, dass sich die Bündelung der Territorien daran ausrichtet, welche Orte die Anwesenden bei der Ankunft der nachfolgenden Vögel bereits okkupiert haben.

Mögen die Laborexperimente aufgrund der beengten Zustände unzuverlässig sein, so gibt es doch aussagekräftige Feldstudien – insbesondere was die Anziehungskraft des Gesangs bereits installierter Vögel auf Artgenossen angeht, die noch auf der Suche nach einem Territorium sind. So wurde zum Beispiel für Schwarzschnäpper mit künstlichen Mitteln ein Gesang ausgestrahlt, der mit zunehmender Intensität eine immer größere Anziehungskraft hatte. Zwei andere Forscher haben in mehreren Kolonien von Rotflügelstärlingen eine Taktik der Fremdenlegion eingesetzt, bei der der Feind mit viel Lärm über die tatsächliche Anzahl von Männern getäuscht werden soll. Im Jahr 1977 hatte John Krebs die Hypothese aufgestellt, dass die auffällige Intensität des territorialen Vogelgesangs die Neuankömmlinge in Bezug auf die tatsächliche Besiedlungsdichte in die Irre führen und dementsprechend von einer Ansiedlung abschrecken sollte. Bei den Rotflügelstärlingen ist jedoch offenbar genau das Gegenteil der Fall: Je mehr Sänger es gibt, desto mehr Interessenten stellen sich ein. Doch bei vielen anderen Arten scheint die Anziehungskraft begrenzt zu sein, und ab einer bestimmten Schwelle hat eine hohe Dichte genau die entgegengesetzte Wirkung. Anders gesagt: Ein vereinsamtes Territorium ist genauso unattraktiv wie ein überfülltes. Andere Experimente sollten zeigen, dass auch der Zeitpunkt entscheidend sein kann: Strahlt man die Gesänge aus, wenn die Territorien bereits etabliert sind, wirken sie meist abschreckend auf neue Vögel, während ihre Anziehungskraft überwiegt, solange sich die Territorien noch in der Gründungsphase befinden. Die Grenzen sind nicht etwa einer Landschaft einbeschrieben und harren ihrer Entdeckung oder Verteidigung. Vielmehr sind sie das Ergebnis sozialer Interaktionen zwischen Individuen, die gemeinsam am selben Ort leben müssen. Die Vögel suchen sich also einen Ort, aber sie suchen sich auch – und manchmal vor allem – Nachbarn. Insofern wäre das Territorium, wie von Fraser Darling angedacht, die Gründung von Nachbarschaft.

Selbstverständlich haben die Forscher zu verstehen versucht, welchen Nutzen diese Entscheidungen haben –

wie Fisher einfach zu behaupten, Vögel seien *zutiefst soziale* Wesen, deren Sozialität auf ihr gesamtes Verhalten ausstrahle, genügt nicht. Der Selektionsdruck verlangt konkrete Vorteile. Zum einen können sich Kollektive besser gegen Angreifer wehren und zum Beispiel Alarm schlagen; außerdem locken mehrere Männchen leichter ein Weibchen an. Eine weitere Hypothese, um die Niederlassung in der Nähe anderer Artgenossen zu rechtfertigen, betrifft die Neuankömmlinge, die insofern »neu« sind, als sie entweder von woanders herstammen oder als junge Wandervögel zurückkehren. Letztere kennen das Territorium noch nicht gut, weil sie es bereits kurz nach dem Flüggewerden verlassen haben. Dementsprechend suchen diese Neuankömmlinge zunächst einmal nach aussagekräftigen Informationen über ihr neues Habitat. Bereits Margaret Nice hatte beobachtet, dass die im Vorjahr geborenen Singammern sich bei ihrer Rückkehr etablierten Gruppen anschließen und dabei ebenso günstige und vor allem weniger umkämpfte Habitate unberücksichtigt lassen. Ressourcen einzuschätzen und zu finden kostet Zeit. Ein Faktor, der umso entscheidender ist, wenn es sich um eine Erstniederlassung handelt. Es ist also ganz im Interesse der Vögel, auf die Erfahrung der bisherigen Bewohner zu vertrauen und deren Nähe zu suchen. Tiere, die eng miteinander zusammenleben, können sich gegenseitig absichtlich oder unabsichtlich mit diversen Informationen versorgen. Man kann übrigens feststellen, dass Vögel sich sehr genau beobachten. Manchen Wissenschaftlern zufolge seien der werbende Gesang, die Posituren und Rituale sogar wichtige Indikatoren für den Gesundheitszustand eines Individuums und die Qualität seines Territoriums.

Zahlreichen Beobachtern ist die Neugier aufgefallen, die viele Vögel einander entgegenbringen. Wissenschaftler, die sich 1978 mit dem Rostscheitel-Waldsänger beschäftigten, stellten fest, dass von 155 Eindringlingen 122 zum Ziel hatten, dem etablierten Bewohner beim Essen, Nestbau oder Füttern seiner Jungen zuzuschauen, und keineswegs die Absicht hegten, sich bei dieser Gelegenheit selbst Nahrung zu beschaffen. Die Nachbarschaft hätte demnach etliche Vorteile, und die entsprechenden Besuche würden, zumindest bei manchen Vögeln, weniger aus kriegerischen Motiven erfolgen als vielmehr aus dem Wunsch heraus, sich zu informieren.

Von diesem Standpunkt aus sollte Judy Stamps ihrerseits anregen, dass auch Grenzkonflikte absichtlich herbeigeführt würden, um an Informationen zu gelangen: In diesem Fall handele es sich jedoch um Informationen zu dem betreffenden Bewohner, nicht zu dem Ort oder seinen Ressourcen. Will sich ein Neuankömmling niederlassen, muss er mit den Altansässigen interagieren, um zu erfahren, welche Territorien bereits okkupiert sind. Das gelingt am besten, wenn er sich den Bewohnern annähert und ihre Reaktionen testet. Jeder Neuankömmling wird sich demnach bemühen, diese Reaktionen hervorzurufen, um herauszufinden, was er mit wem in der neuen Umgebung in Angriff nehmen kann. Hinter den Grenzverletzungen stünden Judy Stamps zufolge also nicht diebische Absichten oder Aneignungsansprüche, sondern eher das Bedürfnis nach einer Gebiets- und Nachbarschaftserkundung. Man will die Bewohner auf die Probe stellen – eine zuverlässige Art, sie kennenzulernen beziehungsweise sich selbst zu erkennen zu geben.

Gesetzt den Fall, dass die Territorien eine nachbarschaftliche Organisation darstellen, ist auch noch eine andere Hypothese denkbar. Verschiedene Beobachtungen haben gezeigt, dass sich bei vielen Vögeln in dem Maße die Konflikte beruhigen und die Beziehungen friedlicher werden, wie sich die Territorien festigen und die Tiere ihre Grenzen anerkennen. 1935 beobachtete Frank Chapman den Goldbandpipra auf Barro Colorado Island, einer künstlichen Insel in der Panama-Meerenge. Diese Vögel verwandeln einzelne Stücke des Waldbodens in »Arenen«, die dicht beieinanderliegen und so für die Weibchen gut sichtbar sind. »Der Erfolg des Arena-Systems bei den Goldbandpipra basiert auf einer starren Einhaltung der Bodenrechte«, kommentiert Margaret Nice Chapmans Beobachtungen.

Diese Anerkennung der Grenzen steht für Recht und Ordnung. Man verliert keine Zeit oder Energie mit unerquicklichen Streitereien oder unnötigen Konflikten, und die Vögel können sich ganz darauf konzentrieren, die Aufmerksamkeit der Weibchen – ihr eigentliches Hauptanliegen – zu erregen. Unter normalen Arena-Bedingungen leben die Männchen in gutem Einvernehmen miteinander, nicht etwa, weil sie besonders friedlich gesinnt wären oder nicht wüssten, wie sie sich bekämpfen sollten, sondern weil sie gut organisiert sind und die Gesetze der Arena so streng befolgen, dass es keinen Anlass für Konflikte gibt.[9]

Der amerikanische Ornithologe Alexander Skutch stellt um die gleiche Zeit im Hinblick auf das sanftmütige Wesen zentralamerikanischer Vögel fest, dass die Tiere, wenn ihnen ein ganzes Jahr zum Verhandeln ihrer Territorialansprüche und Schlichten amouröser Streitigkeiten zur Verfügung stehe, im Allgemeinen zu einer gewaltfreien Lösung fänden.[10]

Bekanntlich entpuppen sich nachbarschaftliche Konflikte bei manchen Arten als unvereinbar mit den Balzritualen oder der elterlichen Fürsorge. Judy Stamps stellt dazu die Hypothese auf, dass sich der soziale Stil eines territorialen Ensembles auf das Wahlverhalten der Weibchen auswirken könne. Allee und seine Kollegen aus Chicago hatten beobachtet, dass bei den Birkhühnern, deren Territorien Balzarenen (Leks) sind, die Beziehungsqualität zwischen den Männchen durchaus einen Einfluss auf die Wahl der Weibchen haben konnte. Eine Gruppe von Männchen hatte ihre Arena wegen Schneefalls verlegen müssen und gelangte in die Nähe einer anderen Gruppe: Dadurch hielten die Konflikte während der üblichen Zeitspanne der Begegnungen an. Beim ersten Tageslicht fanden sich zahlreiche Weibchen ein, zogen sich aber, da noch immer gekämpft wurde, den Autoren zufolge an einen anderen, »gut organisierten und ruhigen Begegnungsort«[11] zurück. Auch bei den Rotflügelstärlingen ließ sich beobachten, dass der Fortpflanzungserfolg in Gruppen, in denen die Männchen miteinander vertraut waren, deutlich höher war als in solchen, in denen sie einander nicht kannten. Stamps schreibt: »Vom Standpunkt des Weibchens aus ist eine Gruppe von Männchen, denen es gelungen ist, eine befriedigende und stabile Beziehung untereinander aufzubauen, einer Gruppe kämpfender Männchen klar vorzuziehen.«[12] Treffe diese Annahme zu, fährt sie fort, müssten die Weibchen ihre »Partnerjagd« in einer territorialen Nachbarschaft beginnen, in der die Männchen mit ihrem Verhalten signalisieren, dass sie ihre Streitereien beigelegt haben und bereit sind, sich dem Balzritual und der elterlichen Verantwortung zu widmen. Insofern drängten die Weibchen die Männchen indirekt dazu, ihre Konflikte rasch zu regeln und ihre werbenden Aktivitäten zu koordinieren. »Indikatoren für eine friedliche Nachbarschaft wären zum Beispiel ein melodischer, mehrstimmiger Kanon zwischen den Männchen oder das Fehlen jeglicher Konfliktanzeichen.«

Ja, auch das bedeutet es, auf einem gesungenen Territorium zu leben: harmonisch in andere Gesänge einzustimmen. Der Komponist und Bioakustiker Bernie Krause nimmt seit Ende der 1960er Jahre akustische Landschaften auf. Der Großteil der bisherigen Forscher habe ihm zufolge Klänge gesammelt wie Museumsexponate, ohne die Beziehungen zwischen den verschiedenen Arten beziehungsweise Tierreichen zu berücksichtigen. Krause hingegen hat etwas anderes versucht – vor allem als Musiker und Komponist. Er wollte in erster Linie verstehen, was die Tiere *gemeinsam* komponieren, was mit Wind, Wasser und anderen Organismen, mit den Bewegungen der Vegetation; wie diese

Tiere Momente der Stille schaffen, die einem Zusammenklang zuträglich sind; wie sie Frequenzen miteinander teilen und wie sie sich aufeinander einstimmen. »Und wenn es gelegentlich zum Konflikt kommt, werden akustische Revierstreitigkeiten manchmal durch den zeitlichen Ablauf gelöst, indem zunächst ein Vogel, ein Insekt oder ein Frosch singt und die anderen erst loslegen, wenn jenes erste Exemplar aufhört«.[13] Das, was Bernie Krause als »geteilte Redezeit« bezeichnet, erscheint (für uns) auf den Spektrogrammen als Ensemble, aus dem die genaue Abfolge der einzelnen Redeanteile hervorgeht: Jeder Teilnehmer – Vogel, Amphibie, Insekt und Säugetier – besetzt eine Klang-, Raum-, Zeit- und Frequenznische. Und diese schöpferische Anordnung erzählt eine Geschichte.

Wenn sich Tiere verschiedener Arten über einen langen Zeitraum gemeinsam entwickelt haben, teilen sich ihre Stimmen meist auf Reihen unbesetzter Kanäle auf. So wird jede akustische Frequenz und jede Zeitnische durch eine bestimmte Art geprägt: Insekten bewegen sich in sehr spezifischen Bandbreiten des gesamten Spektrums, während verschiedene Vögel, Säugetiere, Amphibien und Reptilien jeweils andere Bandbreiten besetzen, auf denen das Risiko von Frequenz- oder Zeitüberlappungen geringer ist und die eigene Stimme nicht übertönt werden kann.[14]

Diese Beobachtung veranlasst Bernie Krause zu einem schönen Bild: Die Mitglieder »jener akustischen Gemeinschaft vokalisieren als Seelenverwandte«. Aufgrund dieser Segmentierung in einzelne Klangnischen, jener Aufteilung der Redezeit, die für die Konfliktregelung innerhalb des akustischen Territoriums eine wichtige Rolle spielt, überlagern sich die Gesänge nur selten. Sie fügen sich vielmehr der neuen Ordnung der *Komposition*, wobei diese nicht nur im musikalischen Sinne zu verstehen ist, sondern auch als Form der sozialen Musikalität. Die Territorien sind Kompositionen und melodische Zusammenklänge.

Bei den Dachsammern im Umkreis von San Francisco etablieren die männlichen Jungvögel ihr Territorium ausgesprochen früh, lange vor der Fortpflanzungssaison, und leben das ganze Jahr über dort. Diese Männchen haben anfangs vier verschiedene Gesänge im Repertoire, bevorzugen aber im Laufe der Zeit vor allem zwei davon, die mit dem Gesang ihrer direkten Nachbarn harmonieren. Man kann beobachten, dass ihr Gesang sich entsprechend dem jeweiligen Gegengesang verändert.[15] Auch die Feldlerchen versuchen mit dem Gesang der anderen zu harmonieren; die Melodien werden zu Signaturen, die die Zugehörigkeit zum selben Ort und zur selben Nachbarschaft kennzeichnen und es den Vögeln erlauben, einander wiederzuerkennen. »Zu singen wie die Nachbarn« schafft Gemeinschaft. Und die Tatsache, in seinem Repertoire einen Gesang zu bevorzugen, der dem eines anderen Vogels ähnelt, könnte ebenfalls eine Rolle im sozialen Miteinander spielen: Michel Kreutzer spricht diesbezüglich von einer »Adressierung«, mit der ein Vogel seinem Nachbarn bedeutet, dass jener »chant accordé«[16] (abgestimmter Gesang) an ihn gerichtet ist.

Wie wir im Laufe unseres bisherigen Überblicks gesehen haben, bedeutet die Territorien zu denken auch, andere Sinnschichten der Wörter zu reaktivieren, ihr semantisches Feld zu erweitern, sie zu deterritorialisieren, um sie anderswo zu reterritorialisieren: Aneignung, Eigentum, das Eigene, Zusammenklänge, Kompositionen ... All diese Begriffe laden zu anderen Aufmerksamkeitsformen ein, koppeln sich an andere Territorien, intensivieren andere Dimensionen, schaffen neue Zusammenhänge; man soll anderes hören (Stille und Zusammenklänge), anderes spüren (Affekte, Rhythmen, Kräfte, Lebensströme und Momente der Ruhe) und anderes wahrnehmen (Intensivierungen, Bedeutungen, entscheidende Unterschiede). Diese Zusammenklänge, die von einem guten nachbarschaftlichen Verhältnis der Vögel zeugen, von einem geglückten Gemeinschaftsabenteuer, führen mich zu einer weiteren musikalischen Assoziation: Die Territorien gleichen *Partituren*. Und auch hier wieder weitet sich der Sinn, erstreckt sich von der mehrstimmigen Aufzeichnung der Gesänge bis zur Aufteilung des Raums in unterschiedliche Territorien – wobei der Begriff inzwischen weniger als (negative) Zerlegung denn als »Einteilung« verwendet wird. Die schöne Neigung des Französischen zu Homonymen, die Tatsache, dass der Begriff *partition* dort gleichzeitig eine musikalische Komposition bezeichnet und eine Raumaufteilung bzw. -einteilung, eröffnet uns eine zweifache Dimension: eine zugleich *expressive* und *geopolitische*, zwei untrennbar miteinander verknüpfte Aspekte des Bewohnens. Die Territorien knüpfen *Netzwerke aus akustischen Revierkennzeichnungen.*

Die Vorstellung, dass Territorien sich definieren lassen wie geopolitische Formen der Komposition (zusammenschließen) und der Partitur (einteilen), ist nicht neu, sondern geht bereits auf James Fisher zurück. Viele Autoren, etwa Margaret Nice oder Konrad Lorenz, haben die Territorien als Ausdruck von Konventionen zu beschreiben versucht, als Formen, die, wenn sie respektiert werden, das soziale Leben befrieden und ermöglichen. In seiner wunderbaren Studie über die Figur des Diplomaten (insbesondere bei den Wölfen) vertritt auch Baptiste Morizot die Auffassung, dass die Territorien auf ein System befriedender Konventionen zurückgehen oder sogar »konventionelle Befriedungseinrichtungen«[17] sind. Es stimmt, dass Vögel, die ein Revier verteidigen, es offensichtlich nicht gegen Individuen anderer Arten mit anderen Bedürfnissen verteidigen; derselben Art angehörende Eindringlinge werden häufig geduldet, solange sie nur nach Nahrung suchen, aber verjagt, sobald sie zu balzen oder zu singen beginnen – zum Beispiel im Fall der Heckenbraunellen. Das Territorium codiert alles. Morizot beobachtet, dass Wölfe, sobald sie eine Grenze überschritten haben, keine Markierungen mehr hinterlassen. Dieser Auffassung zufolge wäre das Territorium also ein Ort der guten Sitten: Ab hier werden bestimmte Dinge nicht mehr getan. Dabei handelt es sich nicht um Verhaltensweisen, sondern um den interessantesten Aspekt in der Ökologie lebender Gemeinschaften, den Morizot *Geopolitik* nennt.

In Bezug auf das bisher Gesagte scheint dieser Ansatz auch auf die Vögel zuzutreffen. Als konventionelle

Einrichtung ist das Territorium ein Experimentierfeld durch und über Konventionen: tastende Grenzziehungen, Verhandlungen, Provokationen, Herausforderungen, Lernprozesse, Erfahrungswege, Dinge, die »sich schicken«, und solche, die »sich nicht schicken«. Die Formen müssen gewahrt werden. Das Erschaffen jener Formen kommt Bewährungsproben gleich, mit denen die Vögel ihre künftige territorialisierte Gesellschaft definieren: Die Konventionen müssen erst verhandelt werden, bevor sie sich stabilisieren können. Die Tatsache, dass sich die Dinge nach einer Weile oft beruhigen und Konflikte seltener werden, bekräftigt diese Hypothese: Die Vögel können sich neuen Dringlichkeiten zuwenden.

Dieser Gedanke liegt auch Fishers Deutungsansatz aus dem Jahr 1954 zugrunde. Er hatte beobachtet, dass Singvögel ihre Territorien oft gruppieren und mit ihren Nachbarn weitgehend rivalitätsfreie Beziehungen unterhalten. »Wenn man über ein Territorium verfügt«, schreibt er, »schafft man damit automatisch eine ›Nachbarschaft‹ aus Individuen, die, obgleich sie einen begrenzten und genau umrissenen Besitz ihr Eigen nennen, direkt auf ihre unmittelbaren Nachbarn bezogen sind – eine Konstellation, die wir Menschen als »liebe Feinde« oder »rivalisierende Freunde« bezeichnen würden.«[18] Was Fisher den *dear enemy effect* nennt, ist viel kommentiert und oft kritisiert worden: Angesichts des Erfindungsreichtums, zu dem das Territorium und die Undiszipliniertheit der Vögel inspiriert, ist damit zu rechnen gewesen. Tatsächlich lässt sich bisweilen der sogenannte *nasty neighbour effect* beobachten, der bei stark rivalisierenden Arten das Phänomen bezeichnet, dass Konflikte mit direkten (vermeintlich schlechten) Nachbarn oft sehr viel virulenter sind als mit Fremden.

Der *dear enemy effect* wiederum lässt sich beobachten, wenn die Reaktionen beim Eindringen oder bei Grenzverletzungen seitens direkter Nachbarn deutlich weniger heftig ausfallen als bei einem unvertrauten Tier. Dieser Effekt unterliegt zudem oft einer Dynamik, weil er sich meist allmählich einstellt (ohne dass er sich einfach durch Gewöhnung erklären ließe) und je nach den Bedingungen verändert. Bei den Feldlerchen konnte dieses Phänomen besonders eingehend beobachtet werden. Die mit ihrem Studium befassten Ornithologen haben festgestellt, dass die durch die Nachbarschaft bewirkte Vertrautheit sogenannte »Rollenirrtümer« zu vermeiden hilft. Die Tatsache, zusammenzuleben und regelmäßige Konfliktsituationen zu kennen, hat die Partner der nachbarschaftlichen Interaktionen allmählich dazu veranlasst, Beziehungen zu knüpfen, in denen jeder über den anderen, seine Bedürfnisse, sein Verhalten und seine Besitzverhältnisse Bescheid weiß. Ist es dann aber überhaupt noch angemessen, von »Konflikten« zu reden? Sollte man nicht von einer »theatralisch eindrucksvollen Bewährungsprobe« sprechen? Sobald die betreffenden Beziehungen gefestigt sind, kennen die Vögel ihre jeweiligen Rollen und sind nicht mehr auf Bewährungsproben angewiesen, um zu bestimmen, wie sie sich verhalten sollen und wie die anderen handeln.[19] Damit könnte das Territorium dem entsprechen, was Shirley Strum bezüglich der Hierarchie als eine Struktur für die Absehbarkeit von Interaktionen bezeichnet. Interessanterweise macht sich der *dear enemy effect* auffällig schnell zu Anfang der Saison bemerkbar, wenn die Vögel sich kennen, was auf viele derjenigen zutrifft, die Jahr für Jahr an denselben Ort zurückkehren. Die Vögel erinnern sich, und falls sich dennoch Uneinigkeiten über eine Grenzziehung ergeben, genügt ein kurzer Streit, um sie aus der Welt zu schaffen. Auch Nachbarn erkennen einander wieder. Spielt man einem Vogel die Aufnahme vom Gesang seines Nachbarn vor, reagiert er kaum, es sei denn, man positioniert sich dafür an einem entlegeneren Ort, zum Beispiel auf dem Territorium hinter der genau entgegengesetzten Grenze: In diesem Fall behandelt der Vogel seinen Nachbarn wie einen Fremden. Eine der plausibelsten Hypothesen lautete den Ornithologen zufolge, dass der Vogel den Gesang und dessen Urheber zwar wiedererkenne; da dieser jedoch das Revier gewechselt habe, seien seine Beweggründe und damit auch die Rollen und Beziehungen andere.

Eine ähnliche Hypothese lässt sich ins Auge fassen, um den *dear enemy effect* zu erklären. Wenn der Nachbar die Grenze überschreitet, kann der Bewohner sicher sein, dass es bei einem Konflikt um das Weibchen oder Futter gehen würde, da der Nachbar ja bereits ein eigenes Territorium zur Verfügung hat: Es steht also weniger auf dem Spiel. Der besagte Effekt ist jedoch nicht festgelegt, er setzt zunächst eine Phase des Kennenlernens voraus. Die männlichen Lerchen kehren Jahr für Jahr an denselben Ort zurück, die Vertrautheit aber hat während der nicht-territorialen Phase abgenommen, sodass die Vögel mit den Nachbarn aus dem Vorjahr erst wieder Fühlung aufnehmen müssen. Außerdem kann der Effekt zu bestimmten Zeiten verschwinden, so vor allem am Ende der Fortpflanzungsperiode. Zum einen sind die Weibchen dann nämlich erneut empfänglich und gehen gerne außerpartnerschaftliche Beziehungen ein, wodurch der »liebe Feind« zu einem »nicht-vertrauenswürdigen Vertrauten«[20] würde. Zum anderen kommt es bei den ersten Flugversuchen der Jungvögel häufig zu Grenzüberschreitungen, was für viel Ärger und Unruhe sorgt – oder für Gelegenheiten, die Territorialisierung erneut zu aktivieren. Denn kaum etwas ist mehr in Bewegung als ein Territorium.

Bisher habe ich mich praktisch gar nicht auf interspezifische Wechselbeziehungen bezogen. Dabei kann sich das Territorialverhalten manchmal an andere, verwandte Arten richten, obwohl sich die Territorien im Allgemeinen überlappen, als handelte es sich um unterschiedliche territoriale Welten. Doch gelegentlich gibt es Formen des Austauschs, »Festnahmen« und sehr viel komplexere Verwicklungen, als das nach außen hin eher neutral wirkende Nebeneinander vermuten ließe.

Das Territorialverhalten interspezifischer Gemeinschaften ist zwar seit geraumer Zeit bekannt, schien sich bisher aber auf Arten zu beschränken, die unter ganz bestimmten ökologischen Bedingungen vor allem in den Wäldern Südamerikas lebten.[21] So findet man etwa im Amazonasbecken im Südosten Perus Kolonien insektenfressender Vögel, die ein Dutzend verschiedener, jeweils durch eine Familie vertretener Arten umfassen. Das Territorium wird gemeinsam und nicht sonderlich aggressiv, nämlich vor allem über die Interaktion des Gesangs, gegen die benachbarten Kolonien verteidigt. Offensichtlich sind die Gruppen stabil, und manche Arten, vor allem die Batara, bilden einen soliden zentralen Kern. Der blaugraue Batara ruft zur morgendlichen Zusammenkunft – die Vögel schlafen an getrennten Orten des Territoriums – und dirigiert die Gruppenbewegungen. Der schiefergraue Batara wiederum übernimmt diese Rolle, wenn der gewohnte Anführer abwesend ist. In den seltenen Fällen eines Grenzkonflikts mit einer anderen Kolonie kann man feststellen, dass sich jedes Gruppenmitglied jeweils nur an seine Artgenossen in der anderen Gruppe wendet; falls es davon keine gibt, verliert es sogar schnell das Interesse am Konflikt. Die erstaunliche Organisation dieser interspezifischen Kolonien legt den Gedanken nahe, dass sie das Ergebnis einer langen Koevolution sind. Nicht alle Arten schließen sich zu Gruppen zusammen, und ein Kollektiv kann nur dann funktionieren, wenn es bei der Futtersuche eine ähnliche Methode verfolgt: Die Gruppe gibt eine bestimmte Art der Erkundung vor, und jedes Individuum muss sich in seinen Bewegungen dem Rhythmus und den Wegen der anderen anpassen. Diese Tatsache impliziert, dass sich die Kolonien selektiv aus ökologischen Rivalen zusammensetzen, die Lebensweise, Ressourcen und Habitat teilen. Dementsprechend groß müsste theoretisch auch die Konkurrenz sein, doch das ist nicht der Fall. Den Wissenschaftlern zufolge lassen sich Strukturen ausmachen, mit denen die interspezifische Konkurrenz entschärft wird, da jede Art beim Insektenfang anders vorgeht: Die Vögel suchen nach unterschiedlich großen Insekten, wenden jeweils eigene Suchmethoden an oder bewegen sich auf einer anderen Höhe – manche in Bodennähe, unter Blättern oder Zweigen, andere weiter oben. Ähnliche Beobachtungen wurden in zahlreichen tropischen Regenwäldern gemacht mit Arten – hauptsächlich Batara –, die die entscheidende Rolle als Anführer übernehmen, morgendliche Zusammenkünfte organisieren, Kontaktrufe absetzen, Alarm schlagen oder sogar verstellte Alarmsignale geben, wenn kleptoparasitäre Vögel einzudringen und gewaltsam Nahrung an sich zu bringen versuchen. Die Wachsamkeit in Bezug auf Räuber in Zonen, wo die Vögel verhältnismäßig sichtbar sind, wo es kaum Rückzugsmöglichkeiten gibt und die Art der Futtersuche nur wenig Zeit zur Gefahrenerkennung lässt, scheint ein entscheidender Aspekt jener wohlorganisierten Formen des Zusammenlebens zu sein. Diese Hypothese inspiriert mich zu dem Gedanken, dass die betreffenden Vögel gemeinsam spezifische Aufmerksamkeitsformen entwickelt haben müssen: Sie lernen insbesondere, ihre Anführer zu beschützen.

Lange ist man davon ausgegangen, dass die Seltenheit jener ökologischen Umstände die Tatsache erkläre, dass dieses Phänomen andernorts nicht zu finden war. Natürlich können Vogel verschiedener Arten gemeinsam »Dinge tun«, aber allein deshalb teilen sie noch kein Territorium. Die Großschnabelweber zum Beispiel nisten gemeinsam in Bäumen, in denen bereits andere Vögel – Drongos – wohnen. Unzweifelhaft spielen die

Drongos hier eine beschützende Rolle, und man kann beobachten, dass die Großschnabelweber in Bezug auf Räuber das gleiche Verhalten zeigen wie sie.[22] Der amerikanische Ornithologe Bernd Heinrich konstatiert, dass sich viele Arten – besonders Indianergoldhähnchen, Kanadakleiber oder Dunenspecht – den Winterschwärmen der Meisen anschließen. Ferner beobachtet er, dass sich diese Arten nur in Gegenwart der Meisen zusammenfinden. Meisen sind oft zahlreich und laut, sie gelten als die auffallendsten Sperlingsvögel – bilden also die sichtbarste Zielscheibe. Heinrich berichtet, dass er Schwierigkeiten habe, Goldhähnchen ausfindig zu machen, da sie relativ selten, scheu und in den Wäldern oft unsichtbar seien. Folglich vertraut sich der Forscher den Meisen und ihrem Gemeinschaftssinn an, um seine Goldhähnchen zu finden, und erweitert damit das von den Meisen initiierte interspezifische Beziehungsgeflecht um einen menschlichen Wissenschaftler.

Dieser wiederum schließt daraus, dass die Goldhähnchen die gleiche hybride Kombinationsstrategie nutzen und einander wiederfinden, indem sie sich mit den Meisen zusammentun. In den ausnehmend kalten Wintern in den Wäldern von Maine ist es für die Goldhähnchen lebenswichtig, miteinander in Kontakt zu bleiben, und sei es nur, um die Nacht gemeinsam zu verbringen.[23] »Die Möglichkeit, seinen Körper in der Dämmerung aufzuwärmen, kann nicht dem Zufall überlassen bleiben. Die Tatsache, einen oder mehrere Artgenossen zu verlieren, könnte in manch einer eisigen Nacht der restlichen Gruppe zum Verhängnis werden, besonders nach einem Tag, an dem die Nahrungssuche eher mager ausgefallen ist.« Was für eine reizvolle Idee der Vögel: sich in den Schutz eines von anderen gesungenen Territoriums begeben, um sicherzustellen, dass sie früher oder später von den Angehörigen ihrer eigenen Gruppe wiedergefunden werden – Begriffe wie »Nah- oder Personenverkehr« bekommen hier eine ganz neue Bedeutung.

Doch ein gesungenes Territorium, das andere Lebewesen aufnimmt, ist noch kein kollektives Territorium. Schon im Zusammenhang mit Bernie Krauses Aufzeichnungen, die von der Aufmerksamkeit der verschiedensten Tiere für die Partitur der Klangfelder zeugen, haben wir festgestellt, dass es zu dem, was ich als expressive Kosmopolitik bezeichnen möchte, so gut wie keine Forschungen gibt, weil sich die Wissenschaftler eher auf intraspezifische Beziehungen fokussieren. Vermutlich hängt diese Entscheidung auch damit zusammen, dass die Analyse interspezifischer Beziehungen bisher vor allem auf das Feld einer Ökologie begrenzt gewesen ist, die sich bezüglich der Wechselbeziehungen bevorzugt für die »Erhaltungsaktivitäten« interessiert hat, wie Fisher sie nennt – für die Futtersuche und den Schutz vor Räubern. Kollektive Zurschaustellungen von Tieren verschiedener Arten auf einem Territorium waren außerdem von der Vorstellung geprägt, dass es eine noch größere Konkurrenz geben musste als bei den intraspezifischen Beziehungen. Wenn Territorialvögel unterschiedlicher Arten also am selben Ort singen und in Konkurrenz miteinander stehen, ist von diesem Standpunkt aus damit zu rechnen, dass jeder so gut es geht den akustischen Raum in Beschlag nimmt und dabei notfalls den Gesang der anderen stört oder übertönt – die sogenannte »Signalgewinnung« oder »Signalmarkierung«. Tatsächlich ist das oft der Fall. Und wenn ein Vogel zu singen beginnt, bevor der andere fertig ist, wird dieses Verhalten für gewöhnlich von den Vögeln selbst als feindliche Äußerung interpretiert und führt zu konflikthaften Interaktionen. Eine musikalische Zusammenarbeit wäre demnach eher Duetten von Territorialvögeln vorbehalten, wenn ein Paar sich gemeinsam bemüht, um – hier beziehe ich mich auf die Hypothesen der Forscher – eine Ressource zu verteidigen, die Qualitäten der einzelnen Individuen zu bewerben oder die Verbindung zwischen den Partnern zu wahren. Bekanntlich erfordert jede musikalische Koordinierung eine gewisse Praxis, und die Wissenschaftler gehen davon aus, dass die Qualität der Darbietung gleichzeitig den Wert der Partner, ihr Engagement in der Beziehung und die gemeinsam verbrachte Zeit widerspiegelt. In den letzten Jahren konnten jedoch nicht nur mehrstimmige Paargesänge aufgenommen und analysiert werden, sondern auch regelrechte Chorgesänge tropischer Territorialgemeinschaften, die sich aus mehreren Individuen derselben Art zusammensetzten. Den Beobachtern zufolge tragen diese Chöre zum Zusammenhalt der Gruppe sowie zur Verteidigung des Territoriums bei und können gleichfalls einen Eindruck von der Qualität des Engagements ihrer Teilnehmer vermitteln. Es mochte also durchaus so etwas wie territoriale Gemeinschaftschöre geben, wobei man davon ausging, dass sich dieses Phänomen auf intraspezifische

Vogelgemeinschaften beschränkte. Doch damit lag man offensichtlich falsch.

Für alle, die sich für die expressive Kosmopolitik interessieren, kehrten die italienische Bioakustikerin Rachele Malavasi und der Spezialist für akustische Ökologie Almo Farina mit einer erfreulichen Neuigkeit aus den Wäldern der Region Latium zurück: Es gebe tatsächlich auch interspezifische Chöre. Die beiden Forscher sind dabei von zwei Hypothesen ausgegangen.[24] Die erste besagt, dass der *dear enemy effect* auch in den interspezifischen Gemeinschaften territorialer Nachbarn am Werk sein könnte. Trifft diese Annahme zu, würde sie die zweite Hypothese stützen, der zufolge die interspezifischen saisonalen Gemeinschaften europäischer Vögel nicht, wie lange angenommen, aus anonymen Individuen bestünden. In diesem Fall wäre jede Form der Zusammenarbeit praktisch unmöglich. Die beiden Forscher haben also ihre Beobachtungen in einem Wald in der Region Latium angestellt, wo sie zu bestimmten Tageszeiten Chöre verschiedenartiger Vögel hörten. Dabei erfassten sie ein gutes Dutzend Arten – Rotkehlchen, Buchfink, Sommergoldhähnchen, Gartenbaumläufer, Zaunkönig, Kohlmeise, Specht und andere Sperlingsvögel –, von denen bei jeder Aufnahme sieben verschiedene zu erkennen waren. Kann man deshalb aber schon von Chören sprechen? Wenn ja, müsste man vor allem bei der Analyse der Sonogramme das Merkmal kooperativer Chöre ausmachen können: Die Vögel vermeiden akustische Störungen, nicht aber das Überlappen ihrer Gesänge. Wenn es sich tatsächlich um Chöre handelt, wären sie der Ausdruck interspezifischer Nachbarschaftsbeziehungen und hätten sich so entwickelt wie die stimmliche Koordinierung von Paaren.

Die Forscher haben ihre Aufnahmen zu einem Zeitpunkt programmiert, als die Territorien mitsamt dem möglichen *dear enemy effect* bereits installiert sind. Im Morgengrauen und in der Abenddämmerung ist der Gesang am intensivsten. Malavasi und Farina entscheiden sich für die Abenddämmerung, weil das morgendliche Singen den bisherigen Forschungen zufolge individuellere und stärker rivalitätsgeprägte Gründe habe. Von jeder Aufnahme analysieren sie die acht dichtesten Minuten, in denen sich die meisten Arten am Chor beteiligen. Sie haben entdeckt, dass die Vögel Überlappungen nicht scheuen und durchaus einstimmen, solange andere noch am Singen sind. Diese Überlappungen werden indes absichtlich so eingebracht, dass sie das Spektrum der anderen möglichst wenig überlagern. Wenn die einander überlagernden Gesänge denselben Frequenzbereich beanspruchen, lässt sich beobachten, dass die Sänger sich darauf einstellen: So gibt es weder eine Kakofonie noch Momente der Stille, sondern eine aus Ablösungen und Wiederholungen zusammengesetzte Partitur. Mithin zeugen diese Chöre von einer echten Koordinierung zwischen den Vögeln, einem starken gegenseitigen Aufeinanderbezogensein. Es gelingt ihnen nur deshalb, ihre Überlappungen so aufeinander abzustimmen, dass es nicht zu Klangstörungen kommt, weil sie einander gut kennen und das Spektrum der einzelnen Gruppengesänge strukturell verinnerlicht haben.

Von der Theorie der ehrlichen Signale inspiriert, schlagen die Autoren vor, diese Darbietungen als aktive Zurschaustellungen der Qualitäten der einzelnen Chormitglieder zu sehen, die für das »an der Tür lauschende Ohr« eines potenziellen Herausforderers oder Partners bestimmt sind: Die Urheber des Gesangs sind nicht nur in einer guten körperlichen Verfassung, sondern vermitteln darüber hinaus mit ihrer Harmonie, dass sie Zeit und Energie zum Lernen und für die gemeinsame Ausübung haben. Die Tatsache, dass die Vögel Überlappungen nicht scheuen – denn rein theoretisch könnten sie ausschließlich während der sogenannten Refraktärperioden singen, in denen die anderen schweigen –, zeigt, dass es sich um eine aktiv betriebene Koordinierung handelt. Mit einer Ausnahme: Das europäische Rotkehlchen folgt der »Segregationsregel« und wartet, bis Stille einkehrt, bevor es zu singen anfängt. Den beiden Forschern zufolge sei dies jedoch nicht überraschend, da das Rotkehlchen zu einer solitären Art mit einem stark ausgeprägten Territorialverhalten zähle – eingangs hatte ich darauf verwiesen, dass die Hypothese vom Einzelgängertum der Rotkehlchen sich nach einer langen Zeit wieder Bahn brechen würde: Möglicherweise ist dies hier nun der Fall. Das Verhalten des Rotkehlchens lässt gleichzeitig die Vorstellung plausibel erscheinen, dass sich die Vögel ebenso gut dafür hätten entscheiden können, ihren Gesang erst in Momenten der Stille anzustimmen. Die kontrollierte zeitliche Überschneidung verdankt sich also nicht der Unmöglichkeit stiller Momente, sondern ist Ausdruck einer wirklichen Partitur, einer polyfonen Komposition.

Den Chorgesängen werden Funktionen zugeschrieben, die wir bereits in anderen Zusammenhängen erwähnt haben. Zum einen haben sie die Aufgabe, möglichen Eindringlingen die Stabilität der Gruppe zu signalisieren. Den Weibchen bedeuten sie, dass die Männchen in der Lage sind, kooperative Beziehungen zu pflegen und das Territorium langfristig zu behaupten. Möglicherweise spielen sie auch eine verbindende Rolle und begünstigen das Knüpfen sozialer Netzwerke. Diese unterschiedlichen Hypothesen schließen einander nicht aus. Wenn man von einer expressiven Kosmopolitik spricht, muss man annehmen, dass sich bereits vielfältige Verknüpfungen aufgelöst und neu gebildet haben, dass eine Reihe von Deterritorialisierungen und Reterritorialisierungen stattgefunden haben, dass andere Partituren und andere Kompositionen gespielt worden sind. Die Vögel der beteiligten Arten haben vermutlich alle ihre eigenen Gründe, zu singen und dies gemeinsam mit anderen zu tun. Und vermutlich geht es auch hier um Fragen des Geschmacks, der Schönheit, um Begeisterung und Überschwang, um Macht und Mut, um das Wahren von Formen, um magische Zusammenklänge oder das Zelebrieren des ausklingenden Tages – schließlich sind wir alle lebendig. Heißt es über die Vögel nicht, wie mein Freund Marcos mir in Erinnerung ruft, dass sie die erschaffene Welt in einen permanenten Lobgesang verwandeln? Dass sie, wenn man diesen Gedanken weiterspinnt, die Schöpfung in einen Zustand der Gnade versetzen?

Die erwähnten Forschungen in den Wäldern Italiens berühren mich, eben weil sie etwas von jenem

Gnadenzustand vermitteln; weil die beiden Forscher spüren, dass diese Gesänge gepriesen werden wollen. Sie berühren mich, weil sie Aufmerksamkeitsformen erfahrbar machen, weil man sich auf sie einstimmen und sie miteinander harmonieren lassen kann. Dabei handelt es sich um eine Aufmerksamkeit nicht nur für die Gesänge und die ihnen zugrunde liegende Magie, sondern auch für die Bedingungen, unter denen diese Magie spürbar werden kann: Es gilt, aufmerksam zu sein für den richtigen Moment, die richtige Tageszeit, für die Abstände zwischen den Überlagerungen. Es gilt, nach stimmigeren Hypothesen zu suchen – stimmiger, weil sie sich auf eine variantenreichere und gehaltvollere Wirklichkeit einstimmen, aber auch weil sie die Komplexität der Vögel und ihrer Darbietungen besser begreifen als die früheren Theorien. Es gilt, zu begreifen, dass das Begründen eines Territoriums bedeutet, sich einer Komposition aus diversen Kräften zu widmen und diese zu respektieren. Ein Territorium zu begründen bedeutet, Aufmerksamkeitsformen oder vielmehr neue Aufmerksamkeitsfilter zu schaffen. Malavasi und Farina haben herausgefunden, wie sie der gegenseitigen Aufmerksamkeit der Vögel ihrerseits aufmerksam begegnen können: innehalten und immer wieder zuhören, denn hier und jetzt geschieht und entsteht etwas Dringliches.

Dieser Ansatz entspricht der Vorstellung von unserer Epoche als »Phonozän« (Donna Haraway). Wir dürfen nicht vergessen, dass die Erde zwar donnert und knarrt, aber auch singt. Und wir dürfen nicht vergessen, dass diese Gesänge im Verschwinden begriffen sind und dass sie umso schneller verschwinden, wenn wir ihnen keine Aufmerksamkeit schenken. Mit ihnen werden die verschiedenen Arten, die Erde zu bewohnen, verloren gehen, Erfindungen von Leben, Kompositionen, melodische Partituren, vorsichtige Aneignungen, Seinsweisen und Dringlichkeiten: alles, was Territorien ausmacht, und alles, was belebte, rhythmische, erprobte und geliebte Territorien ihrerseits machen. Unsere Epoche als »Phonozän« zu leben bedeutet, der Stille, die aus dem Gesang einer Amsel entstehen kann, aufmerksam zu lauschen, auf gesungenen Territorien zu leben, aber auch, nicht zu vergessen, dass die Stille eines Tages zu groß werden könnte. Und dass wir, wenn wir nicht aufmerksam genug sind, dabei noch etwas anderes zu verlieren drohen: den gesungenen Mut der Vögel.[25]

Kontrapunkt

*Draußen erhebt sich ein Gesang.
Erst ein paar Triller, dann eine virtuose und reine Arie,
die die Nacht verdrängt.*
Caroline Lamarche[1]

Es ist Anfang Februar. Seit einigen Tagen fliegt eine Amsel in meinen Hof. Sie pickt sich ein paar Samen heraus, die der Winter in dem an der Fassade hochrankenden Wein hinterlassen hat, aber ich habe das Gefühl, dass es sich dabei nur um einen Vorwand handelt. Bestenfalls um eine Gelegenheit. Diese Amsel hat bereits etwas anderes im Sinn. Sie hat sich ein Stück weiter weg in der kleinen Straße einen Baum ausgesucht und überwacht ihn minutenlang in aller Seelenruhe. Ich sehe sie vom Fenster meines Arbeitszimmers aus. Sie beobachtet etwas, reckt hin und wieder ihren kleinen Kopf in den Himmel. Sie lenkt mich nicht ab, lenkt vielmehr meine Aufmerksamkeit auf das, was ich gerade tue – schreiben. Ich schreibe in Gesellschaft. Abends, wenn meine Hündin Alba und ich noch einen letzten Gang machen, höre ich sie – vorerst verhalten – singen. Ich sehe sie nicht, weiß aber, dass sie in diesem Moment ganz in der Nähe auf einem Dach sitzt. Sie singt gelassen, ohne allzu große Überzeugung, so wie wir eine Tonleiter spielen. In der Stille ist der Gesang wie ein Lämpchen in der Nacht. Der Winter ist noch nicht vorbei, morgen soll es schneien. Ich aber weiß, dass bald die Sonne mit der Amsel aufgehen wird und ich Morgen für Morgen in einem gesungenen Territorium erwachen und leben werde. Schon jetzt kann ich spüren, dass sich daraus eine neue Geschichte entspinnt. Die Amsel ist da. Und ich bin glücklich, dass durch die Gnade ihrer Anwesenheit und in ihrer Anwesenheit die letzten Zeilen dieser Geschichte zu Papier gebracht werden und eine neue entsteht. Der Amsel sei Dank.

NACHWORTE

Poetik der Aufmerksamkeit

Stéphane Durand

»Bitte langsam«

Vinciane Despret hört der Amsel beim Singen und den Ornithologen beim Denken zu.

Im Gegensatz zu einer Wissenschaft, die wie die Physik oder Chemie schnell mit universellen Gesetzmäßigkeiten bei der Hand ist und bald, zu bald, die Schlussfolgerung zieht, dass die Natur nur ein Dschungel ist, in dem das Recht des Stärkeren gilt, schleicht sich Vinciane Despret vorsichtig heran. Sie beobachtet die Ideen der Ornithologen, so wie diese die Vögel beobachten. Sie zitiert Forscher, die unermüdlich beobachten, zögern, ihr Urteil revidieren, und die sich Zeit nehmen, die kleinsten Unterschiede, die geringfügigsten Besonderheiten wahrzunehmen. Mit unzähligen Vorsichtsmaßnahmen. Vinciane Despret wandelt durch das Labyrinth ihrer Hypothesen. Sie nimmt die Fährte ihrer Ideen auf und verfolgt sie: Unter ihrer Feder nehmen sie Gestalt an, entwickeln sich, verschwinden und tauchen erneut wieder auf. Wie eine Ökologie der Ideen. Vinciane Despret lauscht den Absichten dieser Wissenschaftler aufmerksam: mit einer potenzierten

Aufmerksamkeit, die der subtilen Verschiedenartigkeit der Dinge, Lebewesen und Ideen eine Ausdrucksmöglichkeit lässt.

Die interessanteste Biologie heutzutage ist eine, die sich hingebungsvoll den geringfügigsten Details widmet, den winzigsten Besonderheiten. Unterschiede gehen nicht mehr in Statistiken unter, sondern sollen sich im Gegenteil Gehör verschaffen. Die lebende Welt ist voller Ausnahmen; das Leben entwickelt sich nur abseits des Gleichgewichts. Hochsensible Sensoren sowie neue Identifikations- und Tracking-Technologien können inzwischen eine immense Menge von Beobachtungen statistisch erfassen, die lange als einfache Anekdoten abgetan worden sind. So kann die Biologie Individuen erforschen, oder, besser noch, Persönlichkeiten, Lebensgeschichten, Genealogien, komplizierte soziale Beziehungen, Lernprozesse und Erfahrungswerte, Kulturen.

Aus Biologen werden Biografen und aus der Biologie ein literarisches Vorhaben.

Lob der Langsamkeit

Indem sie uns die Lebewesen in unserem Umfeld geduldig zu beobachten helfen, öffnen uns die von Vinciane Despret zitierten Naturforscher Türen, sie erweitern unsere Vorstellungswelt, vermehren die Standpunkte und Gelegenheiten zur Weltbereicherung. Die Biologie ist eine langsame Wissenschaft. Wie reizvoll es doch ist, sich auf Zehenspitzen heranzupirschen, mit vorsichtigen Schritten, um nichts und niemanden zu verletzen. Die Biologie ist eine Wissenschaft der Eigenartigkeit, sie verzaubert die Welt, indem sie mit Eleganz und Feingefühl andere Lebenskünste und neue Denkweisen aufspürt. Die Welt ihrerseits wird auf diese Weise komplexer und dementsprechend schwerer zu fassen, aber auch unendlich viel reicher und faszinierender.

Diese Poetik der Aufmerksamkeit ist auch eine Politik: Denn wenn die Biologie eine Wissenschaft des Entzückens ist, so ist sie nicht minder eine Schule des Savoir-vivre. Sie erschließt uns neue Formen des Zusammenlebens; neue Arten, miteinander umzugehen, Räume und Geschichten zu teilen, ohne sich gegenseitig auszuschließen oder zu bekämpfen. Denkmöglichkeiten, um ein neues Bündnis mit den Welten der Wildnis einzugehen.

Und anfangen könnte es damit, dass man sich im Morgengrauen vom Gesang der Amsel nicht mehr gestört fühlt, ja, dass man ihn sogar erhofft, herbeisehnt und ihm dankbar ist.

Das aus dem Nest gefallene Wissen bergen

Baptiste Morizot

»Ein Buch über Vögel! Ach, wie idyllisch, geistvoll, empfindsam, und so gemütlich wie ein Nest.« Aber nein, hier ist kein Fünkchen Sentimentalität zu spüren: Das Buch von Vinciane Despret ist voller Disharmonien und Unstimmigkeiten, es gleicht einem nicht enden wollenden Redefluss. »Nun gut«, wird man sagen, »dann sind wir eben hereingefallen, das war kein Buch über Vögel, sondern über die Wissenschaftler, die zu ihnen forschen, über die wissenschaftlichen Kontroversen.« Doch es ist nichts zu machen, es ist und bleibt ein Buch über Vögel, und zwar zunächst einmal, weil es ein Buch *für* Vögel ist. Nicht in einem militanten Sinne (frei nach dem Motto »Ich bin für Vögel!« – aber wer ist schon gegen sie?), eher wie ein Geschenk, das man einem anderen überreicht. Lesen allerdings können sie es nicht.

Das Gefühl, dass tatsächlich *ihnen* etwas geschenkt wird, überkam mich ein paar Tage, nachdem ich das Manuskript beendet hatte. Ich saß gerade in der Sonne und las einen Roman. Da hörte ich plötzlich einen

Vogel singen. Ich freute mich, weil ich auf Anhieb den Zilpzalp erkannte. Gleichzeitig störte mich daran aber auch etwas, denn ich weiß so gut wie nichts über ihn, ich kenne nur seinen Artnamen – lächerlich, und für ihn geradezu beleidigend.

Darüber hinaus stellte sich aber auch ein neues Gefühl ein: dass in diesem Gesang Tausende von Bedeutungen und Bräuchen enthalten sind, die sich mir entziehen, wie eine Hieroglyphe auf einem mehrfach abgekratzten und neu beschriebenen Palimpsest. Und die Gewissheit, dass diese vielfältigen, nicht hierarchisierten Bedeutungen existieren, verdanke ich der Lektüre von *Wie der Vogel wohnt*. Es handelt sich zwar »nur« um den Gesang eines Vogels, doch der menschliche Geist hat eine ungeahnte Intelligenz aufgeboten, um dessen Sinn auf die Spur zu kommen: mit immer neuen Hypothesen, mit erbitterten Diskussionen und ohne zu einer endgültigen Klärung zu gelangen. In den drei Tönen des Zilpzalps stecken Hunderte von Seiten ornithologischer Erörterungen, Uneinigkeiten und kühner Hypothesen. Drei schlichte Töne, die es der kollektiven menschlichen Intelligenz nicht gelungen ist zu ergründen.

In meiner philosophischen Arbeit versuche ich oft, die Lebewesen neu zu beschreiben, indem ich mithilfe ihrer dichten evolutionären Geschichte, aussagekräftiger Verhaltensweisen, Verflechtungen und kombinatorischer Freiheiten ihre ganze Vielfalt sichtbar mache. Es gilt, die Tier- und Pflanzenwelt um die Facetten ihrer unbegrenzten Evolution zu bereichern, die eine unendliche, plurale und für die Gegenwart offene, erfindungsreiche Geschichtlichkeit in ihr ablagert. Das ist meine Art, den Lebewesen ihre ontologische Würde zurückzugeben, eine uneinschränkbare Größe, die ich eher ahne denn verstehe. In dem vorliegenden Buch findet Vinciane Despret einen anderen Weg: Sie erklimmt denselben Gipfel, nur von der anderen Seite aus. Sie füllt jedes lebendige Verhalten mit einem anderen Unendlichen – mit der endlosen Kontroverse der Menschen, mit einer offenen Hermeneutik, mit einer streitbaren Intelligenz. Damit schafft sie eine Bereicherung, die verfremdender wirkt als alle herkömmlichen ökologischen oder evolutionären Argumente.

Um die bereits bestehenden Ideen zu prüfen, hat Vinciane Despret eine behutsame Änderung des wissenschaftlichen Ansatzes vorgenommen. In der Tat beanspruchen in der Wissenschaftsgeschichte nicht alle Theorien den gleichen Status. Die Erklärungen, oder das, was man in den klassischen Naturwissenschaften darunter versteht, verschanzen sich für gewöhnlich hintereinander: Schematisch gesprochen verdrängt die jeweils aktuelle alle vorherigen. Als sich zum Beispiel die Darwin'sche Evolutionstheorie durchzusetzen begann, drängte sie die Theorien von Lamarck, Buffon und Linné über den Ursprung der Arten komplett in den Hintergrund. Man weiß hingegen, dass sich die verschiedenen Interpretationen eines Kunstwerks oder eines Romans überlagern, vernetzen und gegenseitig bereichern. Die jeweils aktuelle setzt die vorherigen zueinander in Bezug, relativiert und formuliert sie neu, knüpft aber immer an sie an. In den Sozialwissenschaften lässt sich gewissermaßen eine

Zwischenlösung beobachten: Wenn eine neue Idee zum Ursprung der Französischen Revolution oder zum Ende des spanischen Siglo de Oro aufkommt, werden manche Erklärungen zwar verworfen, doch meist fügt der neue Ansatz dem alles überspannenden Gebäude nur einen weiteren Baustein hinzu. In diesen gänzlich un-Popper'schen Zwischenraum der Geschichtswissenschaften* verlagert Vinciane Despret nun ohne großes Aufheben die tierische Verhaltensforschung: Sie verzichtet dabei nicht darauf, die einzelnen Hypothesen zu bewerten und die weniger glaubwürdigen beziehungsweise uninteressanteren auszublenden, lässt aber die anderen miteinander kommunizieren und hierarchisiert sie bisweilen, ohne dass die jeweils letzte alle vorherigen aufheben würde.

Damit schafft Vinciane Despret kein neues Wissen über die Vögel: Sie verwandelt den epistemologischen Status dieses Wissens. Nachdem die Vögel bisher im unerbittlichen Reich der Erklärungen beheimatet waren, in dem die kompetitive und subtraktive Logik der Mainstream-Naturwissenschaften vorherrscht, holt sie sie auf den bunten, kosmopolitischen Schauplatz der Interpretation zurück, der sich kooperativ und integrativ gestaltet.

Vinciane Despret hat die diversen Erklärungsansätze durch ein hermeneutisches Modell ersetzt. Eben das ist das Besondere an diesem Buch, das zu erhellen versucht, ohne erklären zu wollen; das alle ornitholo-

---

* Dieser Forschungsraum wird in *Le Raisonnement sociologique* von J.-C. Passeron (Paris 1991) beschrieben.

gischen Erklärungsversuche zusammenstellt, um sie als »wissenschaftliche Erklärungen«, sprich als definitive und ausschließliche, zu entkräften; das sie umleitet und in Interpretationen überführt, die sich summieren und neu zusammensetzen, anstatt einander aufzuheben. Erklärungen neutralisieren sich in ihrer kompetitiven Ausschließlichkeit gegenseitig, während sich Interpretationen verknüpfen und (wie junge Wölfe) miteinander spielen. Das Verhalten eines Tiers zu erhellen bedeutet hier nicht mehr, das wahre Gesetz der Natur zu finden, die eigentliche Ursache, die perfekte Gleichung, sondern die unendliche Debatte über seine möglichen Bedeutungen zu inszenieren. Die herkömmliche Wissenschaftsgeschichte ist oft ein Friedhof toter Ideen. In diesem Buch kommt er wieder zum Blühen.

Mit der unbegrenzten menschlichen Kontroverse über den Sinn ihres Verhaltens bekräftigen die Lebewesen, dass sie nicht nur schnöde Materie sind, sondern sehr viel mehr, eine *Übermaterie*, deren Kräfte sich uns entziehen, ohne darum übernatürlich zu sein.

Dementsprechend driftet das Buch auch nicht in unsere Richtung ab: Es endet nicht mit einer aus den wissenschaftlichen Kontroversen abgeleiteten Lektion über uns Menschen. Die Vögel dienen den Menschen nicht als Spiegel, die Aussage gehorcht nicht der immensen Gravitationskraft des Anthroponarzissmus, wie sonst immer, sobald Menschen über Tiere, eigentlich aber nur über sich selbst sprechen. Hier kommt das menschliche Gerede ganz im Gegenteil den Vögeln zugute, das Verhältnis von Mittel und Zweck hat sich umgekehrt. Es gilt nicht mehr, mit der Feinfühligkeit der Nachtigall oder der List des Raben die menschliche Symbolik aufzuwerten, sondern sich die Erhebungen, Wissenschaften und Gedanken der Menschen zunutze zu machen, um das nicht-menschliche Leben zu bereichern.

So vertieft sich unsere Erfahrung des Vogelgesangs, so hören wir die drei Töne des Zilpzalps anders. Die Tiere müssen nicht mehr in der Lage sein, Werkzeuge zu handhaben oder zu zählen, »intelligenter zu sein, als wir geglaubt haben« (die klassische Aufwertungsstrategie), um als unerschöpflich zu gelten. Selbst ein scheinbar stereotypes Verhalten oder ein ungeschliffen anmutender Gesang übersteigen noch unsere Interpretationsfähigkeit. Sie bergen die unendlichen Lösungen der talmudischen Hermeneutik. In der Tier- und Pflanzenwelt ist allenthalben eine akephale Intelligenz am Werk.

Was für ein Zaubertrick! Wenn der Mensch seine ganze Intelligenz darauf verwendet, die drei Töne des Zilpzalps zu ergründen, dann sind diese drei Töne in einem absurden Syllogismus tatsächlich intelligenter als er – sie gehorchen einer *anderen* Intelligenz, der Intelligenz der schlichten, aber unergründlichen heidnischen Mysterien.

Dank

Mein Dank geht gleichermaßen an:

Alexandra Elbakyan, die eine große Anzahl wissenschaftlicher Beiträge unermüdlich geteilt und mir zur Verfügung gestellt hat.
Stéphane Durand, der mich zu diesem Buch angeregt hat, es ermutigt, begleitet, kommentiert und mit viel Engagement gegengelesen hat.
Baptiste Morizot, der ihm einen Titel, seinen Elan und noch viel anderes Unschätzbares geschenkt hat.
Marcos Matteos Diaz für die melodischen Atempausen.
Thibault De Meyer für alles, was er mit mir teilt, für seine Aufzeichnungen, die alles Wichtige so gut erfassen und vermitteln, für seine zahlreichen Mails und sein bereitwilliges Gegenlesen.
Maud Hagelstein, nicht nur für ihre aufmerksame Lektüre des Manuskripts, sondern vor allem für ihre Begeisterung und Unterstützung, zumal in Momenten, wenn einem Zweifel an der Berechtigung des Schreibens kommen.
Isabelle Stengers von der allerersten bis zur allerletzten Zeile.

Alle, die bereit waren, sich mit mir über meine Forschungen auszutauschen und sie oft in ein unerwartetes Licht zu rücken: Serge Gutwirth und seine Forschungsgruppe über die *commonings*; meine Kolleg:innen vom Forschungszentrum »Materialité de la politique« an der Université de Liège, insbesondere Florence Caeymaex, Édouard Delruelle, Jérôme Flas, Antoine Janvier und Ferhat Taylan; Sophie Houdart, Marc Boissonade, Elisabeth Claverie, Patricia Falguières, Élisabeth Lebovici vom Kollektiv Call It Anything; Tomás Saraceno, Ally Bishop und Filipa Ramos.

Pauline Bastin und ihre Lockvögel, Laurent Jacob, der mich an die Frage des Verschwindens erinnert – beiden danke ich für ihren Empfang und ihre Präsenz.

Laurence Bouquiaux und Julien Pierron für ihr Interesse und ihre Freundschaft.

Roger Delcommune, Christophe und Céline Caron, Samuel Lemaire, Cindy Colette und Lola Deloeuvre dafür, dass sie mir und Alba auf die eine oder andere Weise das Leben während der Arbeit erleichtert haben.

Meine Familie, Jean-Marie Lemaire, Jules-Vincent, Sarah und Elioth Buono-Lemaire sowie Samuel und Cindy, die mich unterstützen und immer wieder daran erinnern, dass das Leben nicht nur aus Schreiben besteht.

Und Alba für ihre grenzenlose Geduld.

Anmerkungen

Die Übersetzungen stammen, wenn nicht anders ausgewiesen, von Nicola Denis.

ERSTER AKKORD
Kontrapunkt

1 Étienne Souriau, *Le Sens artistique des animaux*, Paris 1965, S. 92.
2 Ebd., S. 34.
3 Bernard Fort sollte im Übrigen einer seiner elektroakustischen Kompositionen über den Gesang der Feldlerche aus dem Album *Le Miroir des oiseaux* den Titel »Exaltation« geben (Groupe de Musiques vivantes de Lyon, distribué par Chiff Chaff).
4 Donna Haraway, *Das Manifest für Gefährten: Wenn Spezies sich begegnen – Hunde, Menschen und signifikante Andersartigkeit*, aus dem Englischen von Jennifer Sofia Theodor, Berlin 2016.
5 Zu einem ähnlichen Projekt fordert uns explizit auch Baptiste Morizot auf, indem er das Spurenlesen (*pistage*) als Kunst und Kultur der Aufmerksamkeit wertet, mit der wir die Arten unseres Zusammenlebens mit nichtmenschlichen Lebewesen überdenken (*rejouer*) können. (Vgl. *Sur la piste animale*, coll. »Mondes sauvages«, Arles 2018.)

6   Eduardo Viveiros de Castro, *Kannibalische Metaphysiken*, aus dem brasilianischen Portugiesisch von Theresa Mentrup, Berlin 2019, S. 250.
7   Didier Debaise, *Vom Reiz des Möglichen. Natur als Ereignis*, aus dem Französischen von Moritz Gansen, Berlin 2021. Die spekulative Intention, die sich durch sein Buch zieht, »der Vielfalt der Seinsweisen in der Natur ihre ganze Bedeutung zugestehen«, gründet auf dem noch immer präsenten Einfluss dessen, was Alfred North Whitehead als »Bifurkation der Natur« beschrieben hatte, deren Auswirkungen sich vor allem in der Negierung der vielfältigen Daseinsformen in der Natur zeigten. Die »Bifurkation der Natur«, die unsere moderne Welterfahrung bestimme, meine ein Verständnisprinzip, in dem unsere Erfahrung nur das Offenkundige darlege, während die entscheidenden Elemente des Erkenntnisprozesses stets verborgen seien. Aus diesem Grund unterliege die Natur einer Spaltung.
8   Der Begriff »kosmische Faktoren« findet sich wiederholt bei Louis Bounoure und bezeichnet vor allem die Verlängerung der Helligkeitsperiode sowie die Temperaturveränderung. Vgl. ders., *L'instinct sexuel. Etude de psychologie animale*, Paris 1956.

Kapitel 1: Territorien

1   Das ist z. B. die Hypothese von Ernst Mayr, »Bernard Altum and the territory theorie«, *Proceedings of the Linnaean Society*, Bd. 45–46, 1935, S. 24–30.
2   Hier beziehe ich mich auf Margaret Morse Nice, »The role of territory in bird life«, *The American Midland Naturalist*, Bd. 26, 3, 1941, S. 441–487, sowie auf David Lack, »Early references to territory in bird life«, *Condor*, Bd. 46, 1944, S. 108–111.
3   Tim Birkhead und Sophie Van Balen, »Birdkeeeping and

the development of ornithological science«, *Archives of Natural History*, Bd. 35, 2, 2008, S. 281–305, S. 286. Da es hier um Fragen der Aneignung geht, möchte ich hinzusetzen, dass die Arbeit dieser beiden Autoren darin besteht, eine sehr bezeichnende Form des Gedächtnisschwundes vonseiten professioneller Ornithologen in Bezug auf den Wissensschatz von Vogelliebhabern aufzudecken, aus dem sie sich unter der Hand so gerne bedienen.

4 Vorlesung am Collège de France am 2. März 2016. Vgl. dazu ebenfalls Sarah Vanuxem, *La Propriété de la terre*, Marseille 2018.

5 Für den Rechtsgelehrten Grotius (1583–1645) ist, wie Philippe Descola betont, die individuelle und kollektive Inbesitznahme (*appropriation*) nur deshalb möglich, weil es in der präsozialen fiktionalen Epoche ein fundamentales Recht gegeben habe, das er als »Naturzustand« bezeichnete. Mit diesem »Naturrecht« wird jedem Menschen freier Zugang zu allem gewährt: »Jeder konnte sich zu seinem Gebrauch nehmen, was er wollte, und kein anderer konnte es ihm ohne Ungerechtigkeit wieder nehmen.«

6 Vgl. hierzu insbesondere Sarah Vanuxem, die in den Quellen der Rechtsgeschichte nach einer Möglichkeit sucht, der modernen Besitzauffassung eine andere Richtung zu geben. Im Hinblick auf eine Bereicherung der Fantasie, auf eine mögliche Wiederaneignung der *Commons* vgl. auch den sehr lesenswerten Beitrag von Serge Gutwirth und Isabelle Stengers, »Le droit à l'épreuve de la résurgence des commons«, *Revue juridique de l'environnement*, Bd. 41, 2, 2016, S. 306–343.

7 Zit. nach Gutwirth und Stengers, ebd., S. 12.

8 Elzéar Blaze, »Mœurs et usages de la vie privée : chasse, vénérie, fauconnerie, oisellerie«, in: Paul Lacroix und Ferdinand Seré (Hg.), *Le Moyen Âge et la Renaissance. Histoire et description des mœurs et usages, du commerce*

et de l'industrie, des sciences, des arts, des littératures et des beaux-arts en Europe, Bd. I, Paris 1848, S. I–XIX. Der Autor betont, dass die oisellerie, die Vogelzucht bzw. der Vogelhandel, bereits im 15. Jahrhundert ein stark reglementierter Berufsstand war und über besondere Privilegien verfügte (zum Beispiel das Exklusivrecht zur Jagd und zum Verkauf von Vögeln sowie die Erlaubnis, in den Pariser Boutiquen ohne das Einverständnis ihrer Mieter Vogelkäfige aufzuhängen).

9 Henry Eliot Howard, *Territory in Bird Life*, New York 1948 (1920), S 16.

10 Konrad Lorenz, *Das sogenannte Böse. Zur Naturgeschichte der Aggression*, München 1983, S. 42.

11 In meinem Haupttext übergehe ich mit Absicht das Buch *The Territorial Imperative – A Personal Investigation into the Animal Origins of Property and Nations* (1966) von Robert Ardrey, der in der Tierwelt die instinktiven Ursprünge des Eigentums und der Nationen sucht (nichts weniger als das). Mit einer scheinbaren Aufforderung zur Demut (alles steht zum Besten, wenn wir nur unsere tierische Herkunft und unsere Instinkte akzeptieren) wird dem Leser eine Rückkehr zu einem ausgesprochen konservativen und patriarchalischen Naturrecht unserer gesellschaftlichen Organisationen zugemutet. Um keine Zeit zu verlieren, will ich mich damit begnügen, ihm die Kritik zurückzuspiegeln, mit der Friedrich Engels Ende des 19. Jahrhunderts die Sozialdarwinisten bedacht hatte, denen er »einen Taschenspielertrick« vorwarf: Wir übertragen unsere Konzepte, Gewohnheiten und Kategorien von der Gesellschaft auf die Natur, bevor wir sie umgekehrt wieder auf die Gesellschaft anwenden, und diese Kategorien, Organisationen oder Gewohnheiten werden zu Naturgesetzen.

12 Nice, »The role of territory in bird life«, S. 470.

13 Isabelle Stengers, *Civiliser la modernité ? Whitehead et les ruminations du sens commun*, Dijon 2017, S. 135–138.

14 Michel Serres, *Das eigentliche Übel. Verschmutzen, um sich anzueignen?*, aus dem Französischen von Elisa Barth und Alexandre Plank, Berlin 2009.

15 Michel Serres, *Der Naturvertrag*, aus dem Französischen von Hans-Horst Henschen, Frankfurt 1994, S. 68.

16 Michel Serres, *Darwin, Bonaparte et le Samaritain, une philosophie de l'histoire*, Paris 2016, S. 16 f.

17 Serres, *Das eigentliche Übel*, S. 7.

18 Ebd., S. 8 f.

19 Ebd., S. 13 f.

20 Ebd., S. 18.

21 Ebd., S. 9.

22 Vgl. dazu ausführlicher ebd., S. 43.

23 Jean-Christophe Bailly, *Le parti pris des animaux*, Paris 2013.

24 Luca Giuggioli, Jonathan R. Potts, Daniel I. Rubinstein, Simon A. Levin, »Stigmergy, collective actions, and animal social spacing«, *Proceedings of the National Academy of Sciences of the United States of America*, Bd. 42, Oktober 2013, S. 16904–16909.

25 Zu den Bergziegen in den Rocky Mountains: Valerius Geist, »On the rutting behavior of the Mountain Goat«, *Journal of Mammalogy*, Bd. 45, 4, 1965, S. 562; zu den Tieren in Gefangenschaft: Heini Hediger, *Wildtiere in Gefangenschaft. Ein Grundriss der Tiergartenbiologie*, Basel 1942.

26 Robert A. Hinde, »The biological significance of the territories of birds«, *Ibis*, Bd. 98, 1956, S. 340–369, S. 342.

27 Hier danke ich besonders Baptiste Morizot, der dieses Manuskript hingebungsvoll und sorgfältig gelesen und mich auf diesen Aspekt aufmerksam gemacht hat.

Kontrapunkt

1 Antrittsvorlesung am Collège de France, 17. Dezember 2015, books.openedition.org/cdf/4507.
2 Zygmunt Bauman, *Does Ethics Have a Chance in a World of Consumers?*, Cambridge, Mass. 2008.
3 Ebd., S. 10.
4 Ebd., S. 12.
5 Ebd.
6 Richard Jones, »Why insects get such a buzz out of socialising«, *The Guardian*, 25. Januar 2007.
7 Seirian Sumner, Eric Lucas, Jessie Barker, Nick Isaac, »Radio-tagging technology reveals extreme nest-drifting behavior in a Eusocial Insect«, *Current Biology*, Bd. 17, 2, 23. Januar 2007, S. 140–145.
8 Bauman, *Does Ethics Have a Chance in a World of Consumers?*, S. 16.
9 Die für diese Entdeckung verantwortlichen Forscher erwähnen im Übrigen auch ein anderes Experiment aus dem Jahr 1991, das diese Möglichkeit bei Bienen untersucht und 1998 veröffentlicht wurde. (Kristin J. Pfeiffer, Karl Crailsheim, »Drifting in honeybees«, *Insectes Sociaux*, Bd. 45, 2, 1998, S. 151–167). Während die bevorzugte Hypothese dabei einen Sozialparasitismus am Werk sieht, unterstreicht dieser Artikel, dass Bienen erwiesenermaßen gerne von einem Bienenstock zum nächsten wechseln. Die Autoren widerlegen die These des Parasitismus mit dem Argument, dass kein versuchter Diebstahl bemerkt worden sei; die Wächterinnen des Bienenstocks ließen fremde Bienen nach vorausgegangener Prüfung ohne Weiteres herein, wiesen aber solche mit vermeintlichen Diebstahlabsichten zurück.
10 Diese Information findet man in dem wunderbaren Buch von Christine Van Acker, *La bête a bon dos*, coll. »Biophilia«, Paris 2018, S. 75.
11 Zit. nach Nice, »The role of territory in bird life«, S. 452.

12 Diese Informationen finden sich in der Trauerrede auf Barbara Blanchard, verfasst von Stephen I. Rothstein, »In memoriam : Barbara Blanchard Dewolfe, 1912–2008«, *The Auk*, Bd. 127, 1. Januar 2010, S. 235–237.

Kapitel 2: Die Mächte des Anscheins

1 John Michael Dewar, »The relation of the oyster-catcher to its natural environement«, *Zoologist*, Bd. 19, 1915, S. 281–291 und S. 340–346.
2 Vgl. zu diesen Informationen den bereits angeführten Artikel von Margaret Nice.
3 Hinde, »The biological significance of the territory of birds«.
4 Christine R. Mahler und Dale F. Lott, »A review of ecological determinants of territoriality within vertebrate species«, *The American Midland Naturalist*, Bd. 143, 1, 2000, S. 1–29.
5 Charles B. Moffat, »The spring rivalry of birds«, *The Irish Naturalists' Journal*, Bd. 12, 1903, S. 152–166.
6 Zit. nach Nice, »The role of territory in bird life«, S. 445.
7 Souriau, *Le Sens artistique des animaux*, S. 32.
8 Ebd., S. 102.
9 Ebd., S. 62.
10 Frederik Buytendijk, *Das Menschliche. Wege zu seinem Verständnis*, Stuttgart 1958, S. 211.
11 Ferris Jabr zitiert hier den Wissenschaftler Richard O. Prum in dem ihm gewidmeten Artikel »How beauty is making scientists rethink evolution«, *The New York Times*, 9. Januar 2019.
12 Baptiste Morizot, »Les animaux intraduisibles«, in: *Billebaude*, Bd. 14, »Mondes sonores«, März 2019, S. 56–66, S. 61.
13 Katharina Riebel, Michelle L. Hall und Naomi Langmore, »Female songbirds still struggling to be heard«, *Trends*

in Ecology and Evolution, Bd. 8, 2005, S. 419 f. Vgl. auch Katharina Riebel, »The ›mute‹ sex revisited: vocal production and perception learning in female songbirds«, *Advances in the Study of Behavior*, Bd. 33, 2003, S. 49–86.
14 Howard, *Territory in Bird Life*, S. 131.
15 Nice, »The role of territory in bird life«, S. 461.
16 Larry L. Wolf und Gary Stiles, »Evolution of pair cooperation in a tropical hummingbird«, *Evolution*, Bd. 24, 1970, S. 759–773. Man könnte diese Hypothese mit dem vergleichen, was der Biologe Richard Dawkins als erweiterten Phänotyp bezeichnet, indem er etwa das Vogelnest oder das Spinnennetz als Erweiterung des Organismus betrachtet (*The Extended Phenotype*, Oxford 1982).
17 Jared Verner, »Evolution of polygamy in the long-billed marsh wren«, *Evolution*, Bd. 18, 1964, S. 252–261.
18 Warder Clyde Allee, Alfred E. Emerson, Orlando Park, Thomas Park und Karl P. Schmidt, *Principles of Animal Ecology*, Philadelphia 1949, S. 6.
19 Nice, »The role of territory in bird life«, S. 468.
20 Allee et al., *Principles of Animal Ecology*, S. 8.
21 Robert Carrick, »Ecological significance of territory in the Australian Magpie, Gymnorhina tibicen«, *Proceedings of the 13th International Ornithological Congress*, 1963, S. 740–759.
22 Judy Stamps, »Territorial behavior: testing the assumptions«, *Advances in the Study of Behavior*, Bd. 23, 1993, S. 173–232, S. 176.

Kontrapunkt

1 Bruno Latour, *Kampf um Gaia. Acht Vorträge über das neue Klimaregime*, aus dem Französischen von Achim Russer und Bernd Schwibs, Berlin 2020, S. 456.
2 Stamps, »Territorial behavior: testing the assumptions«.

Kapitel 3: Überpopulation

1 Vero Copner Wynne-Edwards, *Evolution Through Group Selection*, Oxford 1986, S. 6.
2 Moffat, »The spring rivalry of birds«, S. 157.
3 Ebd., S. 153 und ff., was die nachfolgenden Zitate betrifft.
4 Der britische Zoologe Vero Copner Wynne-Edwards sollte, nur ein Jahr vorher, ganz ähnliche Hypothesen vorschlagen, die er für seine Theorie der Gruppenauslese nutzte. Seine Arbeiten waren sehr umstritten. Zu einer Analyse seiner Theorie vgl. mein erstes Buch: *La danse du cratérope écaillé : Naissance d'une théorie éthologique*, Paris 1996.
5 Lorenz, *Das sogenannte Böse*, S. 40.
6 Pjotr Alexejewitsch Kropotkine, *Gegenseitige Hilfe in der Tier- und Menschenwelt*, Grafenau 2011.
7 Huyb Kluyver und Lukas Tinbergen, »Territoriality and the regulation of diversity in Titmice«, *Archives Néerlandaises de Zoologie*, Bd. 10, 1953, S. 265–274.
8 Allee et al., *Principles of Animal Ecology*, S. 11.
9 Ebd., S. 399 ff.
10 Stamps, »Territorial behavior: testing the assumptions«.

Kontrapunkt

1 Fabienne Raphoz, *Parce que l'oiseau*, coll. »Biophilia«, Paris 2018, S. 45.
2 Vgl. bei Lack, »Early references to territory in bird life«, S. 110.
3 Robert E. Stewart und John W. Aldrich, »Removal and repopulation of breeding birds in a spruce-fir forest community«, *The Auk*, Bd. 68, 4, 1951, S. 471–482.
4 Joshua Mitteldorf, *Aging is a Group Selected Adaptation: Theory, Evidence and Medical Implications*, Boca Raton, Florida 2016.
5 M. Max Hensley und James B. Cope, »Further data on

removal and repopulation of the breeding birds in a spruce-fir forest community«, *The Auk*, Bd. 68, 4, 1951, S. 483–493.

6   Gordon H. Orians, »The ecology of blackbird (Angelaius) social systems«, *Ecological Monographs*, Bd. 31, 1961, S. 285–312.

7   Adam Watson und Robert Moss, »A current model of population dynamics in Red Grouse«, *Proceedings of the 15th International Ornithological Congress*, 1972, S. 134–149.

8   Baptiste Morizot, »Ce mal du pays sans exil«, *Critiques (Vivre dans un monde abîmé)*, 860–861, Januar–Februar 2019, S. 166–181.

9   S. zu diesem Thema Thom Van Dooren, *Flight Ways. Life and Loss at the Edge of Extinction*, New York 2014.

10 In einem hochinteressanten Interview mit der Journalistin Catherine Vincent in *Le Monde* erwähnt Donna J. Haraway diesbezüglich die Tatsache, dass das Anthropozän ebenso gut Plantationozän heißen könnte. Diese Bezeichnung würde uns dazu verpflichten, die Geschichte vor dem industriellen Kapitalismus, die ihm ihre Bedingungen aufgeprägt hat, zu berücksichtigen: »Das Plantationozän hat auf der ganzen Welt all diese technischen Vorrichtungen zum Wachstum und zur Ressourcengewinnung etabliert, die Monokultur, die Zwangsumsiedlung von Menschen und Nicht-Menschen, darunter auch und vor allem die Pflanzen, um die Produktion immer weiter zu maximieren.« Jede einzelne Bezeichnung für unsere Epoche lenkt unsere Aufmerksamkeit auf spezifische Probleme und erfordert einen jeweils anderen Ansatz. Alle sind wichtig, so wie es wichtig ist, immer weitere zu finden, die uns auf andere Weise verpflichten. So schlägt Donna Haraway außerdem vor, unser Zeitalter als »Phonozän« zu bezeichnen, als Zeitalter des Klangs, in dem man die Geräusche der Erde vernehmen kann. Vgl. hierzu die Beilage »Idées«, *Le Monde*, 2. Februar 2019.

ZWEITER AKKORD
Kontrapunkt

1 Gilles Deleuze und Félix Guattari, *Tausend Plateaus: Kapitalismus und Schizophrenie*, aus dem Französischen übersetzt von Gabriele Ricke und Ronald Voullié, Berlin 1997, S. 429.
2 Marcos Matteos Diaz begleitet meine Forschungen schon seit Langem mit seinen Kommentaren und Ratschlägen.
3 Deleuze und Guattari, *Tausend Plateaus*, S. 294.
4 Donna J. Haraway, *When Species Meet*, Minneapolis, 2007.
5 Ich kann Isabelle Stengers gar nicht genug dafür danken, dass sie mich trotz meiner ostentativen schlechten Laune mit größter Ausdauer immer wieder zu einer neuerlichen Lektüre ermutigt hat.
6 Die Lektüre von *Tausend Plateaus* schien mir in gewissen Momenten so schwierig – zumal ich immer noch ein Kontrollbedürfnis hatte, dem akademischen Verständnis folgen wollte –, dass ich oft die englische Übersetzung zu Hilfe nahm. Der Übersetzer (Brian Massumi, dem ich voll und ganz vertraute) hatte Entscheidungen treffen müssen, die auf einem bestimmten Verständnis beruhten und dementsprechend bestimmten Interpretationen den Vorzug gaben. Insofern nahm mir die Übersetzung zumindest teilweise diese Verantwortung.
7 Vgl. dazu Gilles Deleuze und Claire Parnet, *Dialogues*, »Champs« Nr. 849, Paris 1997.
8 Deleuze und Guattari, *Tausend Plateaus*, S. 22.
9 Ebd., S. 429.
10 Ebd.
11 Ebd., S. 432.
12 Ebd., S. 441.
13 Deleuze und Parnet, *Dialogues*, S. 14.

Kapitel 4: Aneignungen

1 Nice, »The role of territory in bird life«, S. 447.
2 Hediger, *Wildtiere in Gefangenschaft*, S. 15; S. 16 f. für die folgenden Zitate.
3 Eine anfechtbare Bezeichnung – Stéphane Durand weist mich diesbezüglich übrigens darauf hin, dass nur wenige Raubvogelarten kosmopolitisch sind.
4 Julian Huxley, »A natural experiment on the territorial instinct«, *British Birds*, Bd. 27, 1934, S. 270–277.
5 Raphoz, *Parce que l'oiseau*.
6 So kommentierte Thibault De Meyer die Lektüre der vorliegenden Passage in einer E-Mail vom 9. Februar 2019.
7 David Lapoujade, *Les Existences moindres*, Paris 2017, S. 60 f.
8 Sarah Vanuxem, *La Propriété de la terre*, S. 13.
9 Deleuze und Guattari, *Tausend Plateaus*, S. 434.
10 Ebd., S. 424.
11 Maylis de Kerangal: *Die Lebenden reparieren*, aus dem Französischen von Andrea Spingler, Berlin 2015, S. 145 f.

Kontrapunkt

1 Thelma Rowell, in: Vinciane Despret und Didier Demorcy, *Non Sheepish Sheep*, Dokumentarfilm zur Ausstellung »Making things public. Atmospheres of democracy« (kuratiert von Bruno Latour und Peter Weibel), ZKM Karlsruhe, Frühjahr 2005.
2 Jennifer Ackerman, *Die Genies der Lüfte: Die erstaunlichen Talente der Vögel*, aus dem Englischen von Christel Dormagen, Reinbek 2017.
3 Ebd., S. 89.
4 Ursula K. Le Guin, *Am Anfang war der Beutel*, Klein Jasedow 2020, S. 14.

5 Vgl. Vinciane Despret, *Quand le loup habitera avec l'agneau*, Paris 2002.

Kapitel 5: Aggression

1 Howard, *Territory in Bird Life*, S. 79 und 80 für alles Folgende.
2 Nice, »The role of territory in bird life«, S. 468 und 469.
3 Judy Stamps und Vish Krishnan, »How territorial animals compete for divisible space: a learning based model«, *The American Naturalist*, Bd. 157, 2, 2001, S. 154–169.
4 Ronald C. Ydenberg, Luca A. Giraldeau und Bruce J. Falls, »Neighbours, strangers and the asymmetric war of attrition«, *Animal Behaviour*, Bd. 36, 1988, S. 343–347.
5 Stamps und Krishnan, »How territorial animals compete for divisible space«, S. 165.
6 Thibault De Mayer in einer E-Mail vom 24. Januar 2019.
7 Jean-Marie Schaeffer, *Théorie des signaux coûteux, esthétique et art*, coll. »Confluences«, Rimouski 2009.
8 James Fisher, »Evolution and bird sociality«, in J. Huxley, A. C. Hardy und E. B. Ford (Hg.), *Evolution as a Process*, London 1954, S. 71–83.
9 Frank Fraser Darling, »Social behavior and survival«, *The Auk*, Bd. 69, 1952, S. 183–191.
10 E-Mail vom 9. Februar 2019. Alle angeführten »Zitate« von Thibault De Meyer gehen auf unseren E-Mail-Austausch zurück.

Kontrapunkt

1 George Schaller, Vorwort zu Shirley Strum, *Almost Human: A Journey Into the World of Baboons*, Chicago/London 1987, S. xi.

2 Shirley Strum und Bruno Latour, »Redefining the social link: From baboons to humans«, *Social Science Information*, Bd. 26, 4, 1987, S. 783–802, S. 788.
3 Ebd., S. 793.
4 Gilles Deleuze, *Instincts et institutions*, coll. »Textes et documents philosophiques«, 1953, S. VIII und IX. An dieser Stelle möchte ich ausdrücklich meinen Kollegen aus der Forschungsgruppe »Matérialités de la politique« an der Université de Liège danken, insbesondere Florence Caeymaex, Édouard Delruelle, Antoine Janvier, Jérôme Flas und Ferhat Taylan, die großzügig dazu bereit waren, eine der Vorstufen meiner Forschung zu diskutieren und mir hochinteressante Hinweise, u. a. auf den hier erwähnten Text Deleuzes, geliefert haben.
5 Ebd., S. X und XI.
6 Shirley Strum, »Darwin's monkey: Why baboons can't become humans«, *Yearbook of Physical Anthropology*, Bd. 55, 2012, S. 3–23, S. 14.
7 Ebd., S. 12.
8 Ebd., S. 13.
9 Bruno Latour, Nachwort zu Strum, *Almost Human*.
10 Vgl. hierzu Donna Haraway, *Primates Visions: Gender, Race, and Nature in the World of Modern Science*, London 1992, sowie Shirley Strum und Linda Fedigan, »Changing views of primate society: A situated North American view«, in: *Primate Encounters: Models of Science, Gender and Society*, Chicago 2000, S. 3–49.

Kapitel 6: Polyfone Partituren

1 Luca Merlini, »Indices d'architectures«, *Revue Malaquais*, 2014, 1 (»Transmettre«), S. 9.
2 Jacques-Yves Cousteau und Frédéric Dumas, *Die schweigende Welt*, Berlin 1953.

3   Mike Hansell, *Built by Animals: The Natural History of Animal Architecture*, Oxford 2008, S. 56.
4   Souriau, *Le Sens artistique des animaux*, S. 88.
5   Zunächst einmal, weil sich die Heckenbraunelle bei einem früheren Forschungsvorhaben zum Altruismus der Vögel durch ihr ausnehmend einfallsreiches und flexibles Verhalten von den anderen Vögeln unterschied (mit Ausnahme des Graudrosslings, dem ich letztlich meine Untersuchung gewidmet habe, s. *La danse du cratérope*). Dann aber auch, weil der exzellente Vogelbeobachter Albert Demaret, der in meiner Stadt lebt, mir erzählt hat, dass sich eine Heckenbraunelle mit bemerkenswerter Pünktlichkeit immer am Neujahrstag oben auf demselben Wohnhaus zum Singen einfinde – Anpassungsfähigkeit und Verlässlichkeit sind die Kennzeichen von Gewohnheit.
6   Nicholas Davies und Arne Lundberg, »Food distribution and a variable mating system in the Dunnock, Prunella modularis«, *Journal of Animal Ecology*, Bd. 53, 1984, S. 895–912.
7   Allee et al., *Principles of Animal Ecology*, S. 393.
8   Judy Stamps, »Conspecific attraction and aggregation in territorial species«, *The American Naturalist*, Bd. 131, 3, März 1988, S. 329–347.
9   Nice, »The role of territory in bird life«, S. 463.
10 Ebd., S. 456.
11 Allee et al., *Principles of Animal Ecology*, S. 417.
12 Stamps, »Territorial behavior«, S. 220.
13 Bernie Krause, *Das große Orchester der Tiere. Vom Ursprung der Musik in der Natur*, München 2013, S. 138. Vom 2. Juli 2016 bis zum 8. Januar 2017 hat die Fondation Cartier eine sehr sehenswerte Ausstellung zu seiner Arbeit gezeigt, die wie der dazugehörige Katalog den Titel *Le Grand Orchestre des animaux* trägt.
14 Krause, *Das große Orchester der Tiere*, S. 138.

15 Barbara Blanchard DeWolfe, Luis F. Baptista und Lewis Petrinovich, »Song development and territory establishment in Nuttall's white-crowned sparrows«, *Condor*, Bd. 91, 1989, S. 397–407.
16 Michel Kreutzer bezieht sich hier auf die Forschungen von Jean-Claude Brémont. Dabei übersetzt er *song matching* mit *imitation contestatrice* (protestierende Nachahmung). Ich ziehe meinerseits *chant accordé* vor, um den in meinen Augen etwas gewollten Akzent auf dem Protestgebaren zu vermeiden. Michel Kreutzer, *L'Éthologie*, coll. »Que sais-je«, Paris 2017, S. 104.
17 Baptiste Morizot, *Les Diplomates. Cohabiter avec les loups sur une autre carte du vivant*, Marseille 2016, S. 71.
18 Fisher, »Evolution and bird sociality«.
19 Ydenberg, Giraldeau und Falls, »Neighbours, strangers and the asymmetric war of attrition«.
20 Élodie Briefer, Fanny Rybak und Thierry Aubin, »When to be a dear enemy: Flexible acoustic relationships of neighbouring skylarks, Alauda arvensis«, *Animal Behaviour*, Bd. 76, 2008, S. 1319–1325, S. 1324.
21 Vgl. zum Beispiel in Bezug auf den Südosten Perus Charles A. Munn und John W. Terborgh, »Multi-species territoriality in neotropical foraging flocks«, *Condor*, Bd. 81, 1979, S. 338–347; oder für die Kolonien in Französisch-Guyana Mathilde Jullien und Jean-Marc Thiollay, »Multi-species territoriality and dynamic of neotropical forest understorey bird flocks«, *Journal of Animal Ecology*, Bd. 67, 1998, S. 227–252.
22 John Hurrell Crook, »The adaptive significance of avian social organizations«, *Symposia of the Zoological Society of London*, Bd. 14, 1965, S. 182–218.
23 Bernd Heinrich, *Survivre à l'hiver. L'ingéniosité animale*, coll. »Biophilia«, Paris 2018, S. 263.
24 Rachele Malavasi und Almo Farina, »Neighbours' talk: Interspecific choruses among songbirds«, *Bioacoustics*, 2012, S. 1–16.

25 In Anlehnung an den Songtitel »Le Courage des oiseaux« aus dem Album *Un disque sourd* (1991) von Dominique A.

Kontrapunkt

1 Caroline Lamarche, *Nous sommes à la lisière*, Paris 2019, S. 153.

Dieses Buch erscheint im Rahmen des Förderprogramms des französischen Außenministeriums, vertreten durch die Kulturabteilung der französischen Botschaft in Berlin.

Erste Auflage Berlin 2022
Copyright © 2022
MSB Matthes & Seitz Berlin Verlagsgesellschaft mbH
Göhrener Str. 7 | 10347 Berlin
info@matthes-seitz-berlin.de
Copyright © der Originalausgabe
Habiter en oiseau: Actes Sud, 2019
Alle Rechte vorbehalten.
Umschlag: Dirk Lebahn
Satz: psb, Berlin
Druck und Bindung: GGP Media GmbH, Pößneck
ISBN 978-3-7518-0377-9
www.matthes-seitz-berlin.de